JINGDIANXINKECHENGCONGSHU

经典新课程丛书/快乐读书吧

中外名人
成长故事

ZhongWaiMingRenChengZhangGuShi

梦梵◎编

团结出版社
UNITY PRESS

图书在版编目（CIP）数据

中外名人成长故事 / 梦梵编. -- 北京：团结出版社, 2014.7（2022.11重印）
ISBN 978-7-5126-2888-5

Ⅰ.①中… Ⅱ.①梦… Ⅲ.①名人—生平事迹—世界—青少年读物 Ⅳ.①K811-49

中国版本图书馆CIP数据核字(2014)第150477号

出　　版：团结出版社
　　　　　（北京市东城区东皇城根南街84号　邮编：100006）
电　　话：（010）65228880　65244790（出版社）
　　　　　（010）65238766　85113874　65133603（发行部）
　　　　　（010）65133603（邮购）
网　　址：http://www.tjpress.com
E-mail：zb65244790@163.com（出版社）
　　　　　fx65133603@163.com（发行部邮购）
经　　销：全国新华书店
印　　刷：济宁华兴印务有限责任公司

开　　本：670毫米×955毫米　16开
印　　张：14.25
字　　数：200千字
版　　次：2014年7月　第1版
印　　次：2022年11月　第5次印刷

书　　号：978-7-5126-2888-5
定　　价：26.80元

序言

读到生命的最后一天（代序）

天下的书籍确实是谁也无法读完的，我准备充分利用自己的余生，再读一些能够启迪思想和陶冶情操的书。

这几年出版的书实在太多了，用迅速浏览的速度都看不过来，某些书籍受到了人们的冷落，某些书籍赢得了人们的喝彩，似乎都显得有些偶然。不过在这种偶然性的背后，最终都表现出了时代思潮的复杂趋向，而并不完全由这些书籍本身的质量和写作技巧所决定。

近几年来，我围绕启蒙主义和现代观念的问题写了一些论文，目的是想引起共鸣或争论，以后还愿意在思想和文化这方面继续做些研究，因此想围绕这样的研究和写作任务，读一些过去没有很好注意的书，以便增加新的知识，更好地开阔视野，从纵横这两个方面，认认真真地去思考一些问题。譬如像黄宗羲的《明夷待访录》，我曾读过多遍，向来都是惊讶和叹服于他的平等观念与民主思想。为什么300多年前的明清之际，在古老的专制王朝统治的躯壳中间，会萌生出如此符合于现代生活秩序的思想见解来呢？这是一个孤立和偶然的思想高峰，还是从当时资本主义萌芽和不断滋长的土壤中间，必然会产生出来的呢？

如果想一想徐渭、李贽、袁宏道、汤显祖和徐光启这些杰出的名字，又应该得到什么样的结论呢？而他们与莎士比亚、塞万提斯和伽利略，又几乎是在同一个时代出现的，这里究竟有多少属于历史与未来的必然性呢？我想再好好地研究一番，力图做出比较满意的回答来。

如果生活在今天的人们，都能够达到300多年前黄宗羲那样伟大思想家的境界，中国这一片辽阔的土地上，将会出现多少光辉灿烂的奇迹啊！可是为什么经过了300多年的漫长岁月，在今天生活里的绝大多数人，还远远没有达到他那样的思想境界呢？这难道不让人感到十分地丧气吗？

郁达夫说过："没有伟大的人物出现的民族，是世界上最可怜的生物之群；有了伟大的人物，而不知拥护、爱戴、崇仰的国家，是没有希望的奴隶之邦。"（《怀鲁迅》）这是说得很沉痛和感人的。

思考民族的前程、人类的未来，这很像听贝多芬的《第九交响曲》那样，常常会使自己激动不已，然而这就得广泛和深入地读书，否则是无法使自己的思考向前迈步，变得十分丰满和明朗起来的。我读了丘吉尔、戴高乐、阿登纳和赫鲁晓夫这些外国政治家写的回忆录，读了德热拉斯的《与斯大林的谈话》和《新阶级》，对于自己认识整个的当今世界，是起了很大作用的，我还想继续读一些这方面的书籍。

陶冶情操的音乐和美术论著，我已经读了不少，自然也得继续看下去。

我想读的书是无穷无尽的，只要还活着，我就会高高兴兴地读下去，自然在翻阅有些悲悼人类不幸命运的著作时，也会变得异常忧伤和痛苦，不过这是毫不可怕的，克服忧伤和痛苦的过程，不就是人生最大的欢乐吗？要想在社会中坚强地奋斗下去，就应该有这种心理上的充分准备。我会这样读下去的，读到生命的最后一天。

（有删节）

名师导航

·作品速览·

　　这是一部帮助读者快速了解中外名人必备的工具书，作品选取了哲学、科学、政治、宗教、史学、文学、艺术、军事等领域的中外名人，以简练生动的语言讲述了他们的成长故事。他们或有坚强的意志，或有过人的勇气，或刚毅忍耐，或乐观豁达，总之每个人身上都有值得我们学习的闪光点。希望读者从他们的闪光点中获得人生的启迪，获得成功。

·人物小站·

孔子

　　名丘，字仲尼，我国著名的思想家、教育家。孔子开创了私人讲学的风气，是儒家学派的创始人。

司马光

　　北宋政治家、史学家、文学家。政绩卓著，主持编纂了中国历史上第一部编年体通史《资治通鉴》。

成吉思汗

孛儿只斤·铁木真，"成吉思汗"是其尊号。政治家、军事家。于 1206 年春建立蒙古汗国。是一位极具争议性的人物。

张良

秦末汉初杰出的谋士、政治家，与韩信、萧何并称为"汉初三杰"。以出色的智谋，协助汉高祖刘邦在楚汉之战中夺得天下。

岳飞

字鹏举，南宋抗金名将，中国历史上著名的军事家、战略家，位列"南宋中兴四将"之一。

孙中山

名文，字载之。中国近代民族民主主义革命的开拓者，中国民主革命的伟大先行者，"中华民国"和中国国民党的缔造者。其领导的辛亥革命推翻了清王朝，结束了中国 2000 多年的封建帝制。成立同盟会，被尊为"国父"。

马克思

德国著名作家、哲学家，马克思主义的创始人之一，著有《资本论》《共产党宣言》。

列宁

马克思主义者，无产阶级革命家、政治家、思想家。被全世界的共产主义者普遍认为是"国际无产阶级革命的伟大导师和精神领袖"，同时是 20 世纪最有影响力和最具争议的人物之一。

斯大林

苏联政治家，苏联共产党中央委员会总书记、苏联部长会议主席、苏联大元帅，是苏联执政时间最长的最高领导人。领导苏联迈向工业化、农业集体化，领导苏联卫国战争取得胜利，援助国际共产主义运动，扶植社会主义阵营。

柏拉图

古希腊伟大的哲学家，客观唯心主义的创始人。著有《对话录》《理想国》等。

雨果

19世纪法国浪漫主义文学代表作家。一生著述颇丰，在法国及世界有着广泛的影响力。代表作品有《巴黎圣母院》《悲惨世界》等。

爱迪生

出生于美国俄亥俄州米兰镇，逝世于美国新泽西州西奥兰治。发明家、企业家。他发明的电灯、留声机、电影摄影机对世界产生了巨大的影响。

CONTENTS 目录

中国篇

外国篇

中国篇

中外名人成长故事

孔　子

名师导读

孔子，名丘，字仲尼，祖籍宋国栗邑（今属河南省商丘市夏邑县），出生于鲁国陬邑（今属山东省曲阜市）。中国著名的思想家、教育家。孔子开创了私人讲学的风气，是儒家学派的创始人。

孔子生于公元前 551 年，卒于前 479 年。他是我国春秋乱世时期的著名学者、思想家和教育家。其思想和学说对我国产生了深远的影响。

孔子祖先是宋国贵族，父亲做过鲁国陬邑的大夫。他幼年丧父，母亲带他迁往鲁国都城，过着清贫的生活。

宋国是殷商的遗址，鲁国又曾是周公的封地，都保存了古老的商周文化。孔子从小生活在其中，饱受熏陶。孔子幼时与邻家孩子玩耍，就用木片、泥团演习各种祭礼。稍长，每逢有结婚、祭祖的礼仪时，他总要拉住大人问长问短。就这样，商周的礼乐制度在他心灵中深深扎下了根。当时，人们称从事礼乐活动的人为儒，孔子后来创立的学说以礼乐为核心，所以被称为儒学。

孔子提倡的周礼，实际上是周朝鼎盛时期的一种社会秩序，孔子将它概括为"君君、臣臣、父父、子子"，也就是说君父的言行要像君父的样子，臣子的言行也要像臣子的样子。从而孔子把"君臣、父子、尊卑，贵贱"的等级差别以礼乐的形式固定下来，形成治国治民的法律和意识形态。

可是，孔子生不逢时。春秋无义战，当时各国诸侯为了各自的利益相互攻杀，天子成了摆设，父亲与儿子、哥哥与弟弟也不顾骨肉之情，争权夺势。在这种情况下，谁还把天子、礼乐放在眼里。孔子一方面惊呼世风日下，礼崩乐坏，另一方面，他身体力行，极力推行克己复礼的政治主张。结果当然是收效甚微。

孔子与社会发生了尖锐的冲突，所以 51 岁以前，他一直以教书为业，无法施展他的政治抱负；51 岁之后，经人推荐，做了鲁国的官，显示了管理国家的才能，升到大司寇（主管司法）。这期间，孔子从自我做起，以周礼恢复了鲁国的社会秩序，短短几年，鲁国就强大起来。

一天，孔子进见定公，说鲁国现在有个心腹之患，那就是鲁国大权实际落到大夫孟孙、叔孙、季孙三人手中。孔子对定公说："周礼规定，大夫家不能有武装，封地的城墙也不能长过三百丈。而'三孙'对此不屑一顾，他们的城墙比大王您的还长呀！请大王现在就下命令，拆除城墙，解除武装，不然，鲁国就难以长治久安。"在定公支持下，孔子终于拆除了那些城墙，历史上称之为"堕三都"。孔子此举，制止了鲁国的分裂。

齐景公眼见鲁国强盛，心里十分着急。终于，他想出个驱逐孔子的办法。鲁定公最爱美女骏马，齐景公就投其所好，想让鲁定公爱物疏人，玩物丧志。果然，定公整天迷恋着齐国送的美女骏马，孔子被冷落了。孔子见在鲁国没什么作为了，就带着一班弟子，周游列国，到处推行他的政治主张。

孔子周游列国14年，整日东跑西颠，忍饥挨饿。可各国君王要网罗的都是有权术、善攻杀的人才，像孔子这样只会抱残守缺，死搬大道理不放的学者，只是敬而远之。孔子跑来跑去，自己也觉老大没趣，最后自嘲自己的行为像丧家之犬一样。

孔子走投无路，最终还是回到鲁国，重操旧业，开馆教书。这时孔子已经是 68 岁高龄了。他终日闷闷不乐，为世人不接受自己的主张而愤愤不平。一个老人哪里受得住这种沉重的打击，不久，他病倒了。

听说老师病重，弟子子贡赶来探望。孔子看见子贡，百感交集。想当初自己贤人七十，弟子三千时是多么红火。如今弟子们死的死，散的散，眼下只剩下子贡一人为自己料理后事，孔子不由得一阵心酸。在子贡搀扶下，他慢慢地挪出了屋门，说："你来得太晚了！"接着又喃喃自语道："泰山要崩塌了，顶梁柱要断了，哲人也要死了！"子贡听到这里，热泪纵横，泣不成声。过了好一会儿，孔子又对子贡慨叹："天下不讲道义已经很久了，我们的道德、政治主张此时是难以推行的。我死后，请务必以商周之礼发丧。"见过子贡后七天，孔子就去世了，时年 73 岁。

孔子死后，他一生的主要言论被弟子们收编在《论语》中。孔子的儒家学说实际上是把中国传统道德提高到正统地位，因而被历代大多数统治者接受，流传至今。应该说，他的学说中的那些精华有着永恒的价值，是人类宝贵的精神财富。

　　孔子是儒家学说集大成者。他晚年做了很多古籍整理工作，著名的"五经"就是他整理的。他把儒家学说贯穿于其中，"五经"因此被奉为儒家经典。孔子的另一突出贡献是教育。他首创了私学，主张"有教无类"，使各阶层人士都有受教育的机会。"有教无类"的另一层意思是，广泛学习各类知识。孔子开设了德行、言语、政事、文学等课程，还教学生们"六艺"。他一生有弟子三千多人，其中最著名的有七十二个，被称为七十二贤人，这是很了不起的教育成果。

延伸思考

　　孔子为什么带着弟子离开鲁国？

王　勃

名师导读

　　王勃是唐代著名诗人之一，生于公元649年或650年，676年即英年早逝。他和杨炯、卢照邻、骆宾王因在律诗发展上做出过杰出的贡献，被称为"初唐四杰"。

　　王勃算得上是少年得志了。他的祖父、叔祖父是隋朝有名的大学者、大诗人。生长在这样的家庭，他自然会受到良好的教育。加上他天资聪颖，悟性超人，年纪轻轻就颇负盛名，被唐高宗的大儿子沛王李贤招到沛王府担任修撰（修史的官员）。

　　那时国昌民安，皇帝的儿子们生逢盛世，终日锦衣玉食，无忧无虑，总是变法子享受消遣。他们最爱玩的是"斗鸡"游戏。一天，沛王李贤和英王李显斗鸡，英王大胜，沛王自然不愉快。王勃便写了一篇《檄英王鸡文》，文采丰沛，生动有趣，风传一时。这本来是逗着玩儿的事儿，不料文章被高宗看了，大发脾气，说这是挑拨诸王不和，命沛王李贤将王勃辞退。李贤不敢违抗父命，只好与王勃洒泪相别。竟因一篇戏文而遭驱逐，王勃不禁心灰意懒。从沛王府出来，他遨游于山水之间，写了不少文章和诗歌，以表达内心的郁积。由于心情不舒畅，他得了一场重病。

这时，朝廷选拔人才，沛王、英王、豫王三个王府同时征召王勃，但王勃重病在身，不能应召。两年后他的病慢慢好转，但时机已过，他只得在河南虢州谋了个参军。一天，一个叫曹达的人神色慌张地来找他，要在他这里避难。这事被人发觉了，王勃立即被判处死刑。恰逢高宗因改换年号，大赦天下，王勃被赦免。但他的父亲却受到牵连，被贬为交趾（今越南河内）令。

一个在北、一个在南，父子遥隔千山万水。王勃怀着歉疚的心理，千里迢迢去交趾探望父亲。他租了一叶扁舟，沿赣江南下。

九月初九重阳节这天，王勃正好来到洪州（今江西南昌）。下了船，只见人们喧喧嚷嚷，一打听，才知道滕王阁今天有诗文盛会。压抑已久的王勃不由得心动，打听了滕王阁的地址，便寻了过去。

　　这滕王阁是李渊的小儿子滕王李元婴修的，用来观赏赣江景色。不久前来洪州做都督的阎伯屿花了一大笔钱，把阁楼重新装修了一番，搞得富丽堂皇。今天，阎伯屿把四方的文人都邀请来，举行一个诗文大会，以庆祝重阳节，并选拔人才。诗会开始了。前排站起来一位风度翩翩的公子。他扫了众人一眼，手里拿着一篇早就写好的文章诵读起来。文章并不见得精彩，可刚一读完，在座的人齐声叫好。原来，这位公子就是阎伯屿的女婿吴子章。阎伯屿很看重女婿，便想通过这个诗文大会，让吴子章在人前大大地露脸。王勃自然不知道这些，听完文章觉得好笑。

　　酒宴上，大家吃喝之余，都在吹捧吴子章的文章写得如何如何好。阎伯屿得意洋洋地拿来纸笔，请在座的客人写篇文章跟吴子章比个高低。这些人事先被阎伯屿招呼过，所以当笔纸递到面前时，他们赶紧推让，说："我们哪有公子写得好啊！"竟没有一个人接过纸笔。要是没人出来比高低，吴子章当然就是名正言顺的洪州文学博士了。可当笔纸递到王勃面前时，这个年轻人却毫不畏惧地接了过去。在座的人大吃一惊，接着就响起了嘁嘁喳喳的议论声。

阎伯屿正在得意，见王勃接过笔，脸色都变了。但今天是诗文大会，明说要选拔人才，当然不能不许别人应试，阎伯屿只气得哼哼两声，便自个儿退到阁后的一间小屋里喝茶去了。但他终究不放心，就叫人去打探这个年轻人究竟写了些什么。

王勃并不在意阎伯屿的轻蔑，他沉着地展开纸，提起笔写道："南昌故郡，洪都新府……"在一旁观看的人忙去向阎伯屿汇报。阎伯屿捻着胡须笑道："嗨，这样写，还不是老一套。"就继续喝他的茶。

一会儿，外面传来一阵阵喝彩声、赞美声。阎伯屿有点坐不住了，赶忙打发人出去瞧瞧。下人旋即回报说："写的是'落霞与孤鹜齐飞，秋水共长天一色'。"阎伯屿一下站了起来，叫道："这才是好诗文呀！"他又问："你们打听过没有？那年轻人是谁呀？"立即有人汇报说："他叫王勃！"

阎伯屿大惊失色："原来是他呀！"说着，赶忙出去观看。只见王勃在案上龙飞凤舞，已写了好几大张。这篇文章文采洋溢，气势充沛，就是著名的《秋日登洪府滕王阁饯别序》。

王勃刚放下笔，阎伯屿就挤上前，拉住他的手说："他就是当今文坛四杰之一的王勃啊！"大家这才一齐惊呼起来："怪不得能写出这么好的文章！"

　　阎伯屿再不敢怠慢王勃了，一定要把他留下来好好聊聊。这天夜里，王勃直到精疲力竭才回到小船上。这时，半边月亮高挂空中，四周静悄悄地，王勃心中不禁又难过起来。他想起父亲因为受到自己的牵连，被贬到那么远的地方，眼泪就掉下来了。他立刻让船家开船，连夜离开了洪州。

　　奔波了半个多月，王勃好不容易到了南海边。他心里着急，租了一条船就要渡海。那天正遇大风，海浪汹涌，船家说："不行，现在出海太危险了！"可王勃见父心切，一定要冒险出海。船家劝不住，只好开船。船行不久，一个大浪把王勃打进了大海，虽然船家很快就把他救上了船，但连日的劳累，加上掉海的惊吓，使他自小就有的疾病又发作了。就这样，王勃连父亲也没见到便去世了。

要点评析

　　王勃作为古代一位极富才华的作家，未及而立之年便逝去，实在是中国文学的一大损失。郑振铎先生在谈到王勃诗歌对后代的贡献时，满怀激情地说："正如太阳神万千缕的光芒还未走在东方之前，东方是先已布满了黎明女神的玫瑰色的曙光了。"

延伸思考

王勃为什么被沛王李贤辞退了？

范 仲 淹

名师导读

范仲淹，字希文，是我国北宋时期著名的政治家、军事家和文学家。他生于公元989年，是苏州吴县（今江苏苏州）人。

范仲淹2岁时死了父亲，他的母亲孤苦无依，只好带着他改嫁到山东一个姓朱的人家，他也改姓为朱。范仲淹小时候就很有志气，他借住在附近山上的一座寺庙里，发愤读书。那时的生活非常清苦，连吃的都不够，他就每日烧一锅粥，等粥冷凝以后，用刀划为四块，早晚各取两块，就着咸菜下咽。就这样，他坚持了差不多三年的时间，读了许多书。

一个偶然的机会，范仲淹得知了自己真实的身世，他感到很悲伤，就离家出走，来到应天府（今河南商丘）一个有名的学舍求学。范仲淹还像在寺庙里一样，昼夜苦读，早晚只吃两顿冻粥，从来不叫一声苦。他的一个同学是当地官员的儿子，很同情范仲淹的境况，便从家里拿来一些好吃的给他。范仲淹推辞不掉，只得接受下来，但过了好多天，也没吃上一口。那个同学不高兴地说："我曾向父亲介绍过你的情况，他很受感动，说你有志气，才叫我带些食物给你的，你不吃，难道是怕别人笑话你不成？"

范仲淹听了，心里很不安，诚恳地说出了自己的真实想法："你们的好意我万分感谢。我没有别的意思，只是我吃粥已经习惯了，如果享受到这么好的食物，以后恐怕吃不得苦了。"同学听了这话，非常敬佩。

五年过去了，范仲淹不仅获得了渊博的知识，而且培养了顽强的意志和勤俭、认真的好作风，这对他以后的生活有重大的影响。

公元 1015 年，范仲淹考中了进士，开始在地方和朝廷上做官。不久，他奏明朝廷，恢复了范姓。

公元 1021 年，范仲淹被调往泰州西溪做盐仓监官。这是一个小官，又属闲差，但他并不感到委屈失意。他想："我当初忍饥挨饿，刻苦读书，不正是希望今后能为国家和百姓分忧解难吗？不管自己职位高低，能达到这一目的，也就如愿以偿了。"

公元1040年，西夏兵马侵略我国西北边地，宋军守将无能，被打得大败。宋仁宗调范仲淹为陕西经略安抚副使兼任延州知州，负责指挥边防作战。范仲淹来到延州后，大胆地改变了皇帝的命令，将延州一万八千兵马分为六部，每部三千，各由自己的将官统领。打仗时，根据敌人的多少，选派将领和队伍。这样一来，大大增强了部队的战斗力。西夏人的多次进攻，都被范仲淹打败了。在征战的余暇，他看着祖国西北壮丽的山川风物，想到自己已满头白发，不知何时才能彻底平定边患，不由得感慨万千，提笔写下了深沉蕴藉的《渔家傲》一词：

> 塞下秋来风景异，衡阳雁去无留意。
>
> 四面边声连角起，千嶂里，长烟落日孤城闭。
>
> 浊酒一杯家万里，燕然未勒归无计！
>
> 羌管悠悠霜满地。人不寐，将军白发征夫泪。

庆历三年（1043），宋仁宗把范仲淹调回朝廷，升任枢密副使。这时，谏官欧阳修等人上书推荐范仲淹有宰相才能，可以担当大任。宋仁宗便任命范仲淹为参知政事（副宰相），主持朝廷工作。

当时的北宋王朝已是危机四伏：政府机构臃肿，开支庞大，百姓负担加重，骚乱不断。宋仁宗对此忧心忡忡，责令范仲淹拿出改变现状、富国强兵的好办法。范仲淹早已对宋朝多年的积弊深为不满。他想："何不趁此机会大刀阔斧地改革一番呢？"于是，他夜以继日地起草改革方案，很快就提出了十项改革措施呈给宋仁宗。这些措施主要包括整顿吏治、发展农业生产、加强军备和减轻人民负担等内容，宋仁宗看了大为高兴，马上诏令天下实行。这就是历史上有名的"庆历新政"。为了使改革进行得更彻底，范仲淹又派出了一批人员去各地视察、督促。短短几个月，国家就出现了新的气象。

但是，这次改革却触动了大地主大官僚的利益。这些人形成了保守派，拼命反对改革。他们以各种借口诬陷范仲淹，攻击新法。结果，这次改革只进行了一年多便失败了。不久，范仲淹也被免去了参知政事的职务。

庆历五年（1045）的冬天，范仲淹来到邓州（今河南南阳一带）做知州。这时，他已近58岁了。虽然他的改革已遭失败，他本人也遭到贬谪，但他并不感到灰心，更没把那些流言蜚语放在心上。他想："我大半生效命官场，其间真是几多风雨、几多波折啊！但个人的荣辱得失又算得了什么呢？能为国为民分忧才是我最大的心愿，做到了这一点，不管是进是退，我都问心无愧、心满意足了。"

第二年九月，范仲淹的好朋友岳州知州滕子京送来一幅重修的岳阳楼图样，并表示要刻上历代文人吟咏岳阳楼的诗文，希望范仲淹能为岳阳楼的重建写一篇记文。到了晚上，万籁俱寂，银色的月光洒满大地，范仲淹端坐窗前，思绪万千。稍作沉吟之后，范仲淹就奋笔疾书，写出了千古传诵的《岳阳楼记》，抒发了崇高的政治理想和博大的胸怀："……不以物喜，不以己悲；居庙堂之高则忧其民，处江湖之远则忧其君。是进亦忧，退亦忧。然则何时而乐耶？其必曰：'先天下之忧而忧，后天下之乐而乐'乎。……"

公元 1052 年，朝廷下来调令，让他到颍州上任。范仲淹带病前往，行至半路，病情加重，不久，就与世长辞了。

要点评析

范仲淹关心人民疾苦，英勇抵御外族侵略，大胆改革图新，为国家、民族的稳定和发展做出了重要的贡献，人民将永远怀念他。特别是他"先天下之忧而忧，后天下之乐而乐"的崇高品格，将永远激励后人！

延伸思考

范仲淹改革失败的根本原因是什么？

司 马 光

名师导读

司马光，字君实，号迂叟，汉族，陕州夏县（今山西夏县）
涑水乡人，世称涑水先生。北宋政治家、史学家、文学家。历
仕仁宗、英宗、神宗、哲宗四朝，卒赠太师、温国公，谥文正，
为人温良谦恭、刚正不阿，做事用功、刻苦、勤奋。

在一个晴朗的日子里，一大群孩子在院子中玩着捉迷藏
的游戏，正玩得高兴，忽然传来一声"救命"的惊呼。大家
向声音传来的方向一看，原来是一个小伙伴不小心跌进了不
远处的水缸里。这水缸又深又大，不管那个小孩怎么挣扎，
都无法将头伸出水面，眼看他就要淹死了。在场的小孩哪里见
过这种场面，大都吓得四散奔逃，几个有点主意的则忙着跑去
喊大人，但已来不及了。就在这时，只见一个七八岁模样的小

男孩飞快地搬来一块大石头，奋力向水缸砸去。水缸被砸破了，水流了出来，受淹的小孩得救了。大人们惊慌地跑来，看到这一情景，都纷纷夸赞砸水缸的小孩机智勇敢。这个小孩不是别人，就是后来成为北宋政治家和著名的大历史学家的司马光。

司马光生于公元1019年，是山西夏县人。他从小就喜欢读历史书籍，特别是《左氏春秋》，他能把书中的历史讲得清清楚楚。20岁时，他就考中了进士甲科。司马光先后在地方和朝廷上做过一些官，但他最感兴趣的，还是历史。他感到历史著作虽然很多，但缺乏一部从古至今的完整通志。要是能编出一部通志该多好呀，他决定自己来完成这项工作。

但是，要编写出一部通志并不是件容易的事，司马光碰到了许多困难。首先是这部书以什么为线索来编呢？过去的大型史书如《史记》，是采用纪传体形式，但作为通志来讲这种形式就不合适了。司马光日夜苦想，终于有了主意，决定用编年体做本书的线索。但还有一个问题困扰着司马光，即本书的观点、思想问题。史书浩如烟海，对古人的评价也历来褒贬不一，到底采取哪种说法呢？司马光是一位眼光比较高远、心胸比较开阔的人，最后，他给自己定下了这样一条规则：参考各种各样的书，吸收各种不同的说法，写成一家之言。

基本方案一明确，司马光就夜以继日地工作起来。到了1066年，司马光编成了一部《通志》。当时的皇帝宋英宗听说以后，便召见了司马光。司马光把《通志》递给英宗，动情地说："这是臣几年的心血，写了春秋战国到秦朝一百多年的历史，臣还准备继续写下去。"英宗接过书一看，就被吸引住了。这书写得确实好，英宗心里非常高兴，说："你尽职尽忠，兢兢业业，朕很赏识。特命你在秘书阁设立书局，选拔人才，一同专心编成史书。"

司马光退朝后，马上成立书局，挑选了著名史学家刘恕、刘伊攽等人做助手，先分段编写，再汇总由司马光本人修改、定稿。就这样，编著《通志》的工作大规模地展开了。

可过了不久，宋英宗病死了。这消息如晴天霹雳，司马光忧心忡忡，不知史书能否顺利地编写下去。幸好接下来继位的宋神宗也是个有远见的人，他深知司马光编的这部通志的价值，就鼓励他说："你的《通志》写得很好，一定要把它写完。书中记载的许多史实，就好像是一面镜子，可以照出治理国家的得失。"神宗沉吟了一会儿又说："我看《通志》这个名字还不够令人警醒，朕赐名为《资治通鉴》，以便提醒后代君王经常参考，从中吸取教训。"

神宗的这番话使司马光很受鼓舞，他更加发愤地投入到写作之中，常常一伏案就是一整天，甚至到半夜。即使这样，司马光还怕时间不够，于是特意做了一个圆木枕头，在困极了时，就枕着它睡一会儿，只要一翻身，枕头就会滚到一边，人也就马上惊醒了，接着又投入写作。这样争分夺秒地过了19年，到公元1084年，司马光终于完成了《资治通鉴》这部历史巨著。

《资治通鉴》记载了从春秋战国至五代时期一千三百多年的历史，它内容丰富，文笔生动，虽然也宣扬了一些封建思想，但对统治者的罪行也做了无情的揭露。这是一部宝贵的文化遗产。

金无足赤，人无完人。司马光虽然因编写《资治通鉴》立下了伟大功绩，但他的一生也有不少的错误。在政治上，他是保守派的领袖，代表大地主、大官僚的利益，激烈反对当时王安石进行的变法革新。

公元1085年，宋神宗病逝，哲宗继位，保守派重新掌权，司马光被任命为宰相。他刚一上台，就不顾许多有识之士的反对，下令废除全部新法。司马光就是这么一个充满了矛盾的人。客观地说，虽然他和王安石政见不同，激烈地反对新法，

但他为人正直，不谋私利，忠心耿耿，而且又耗尽巨大心血编

著了《资治通鉴》这部伟大的历史巨著，所以，后人对他还是

非常敬重的。

要点评析

司马光曾经说过这样一句话："我没有什么超过别人的地方，只是我一生的所作所为，从来没有不可告人的。"他为人温良谦恭、刚正不阿；做事一丝不苟、用功刻苦。司马光以"日力不足，继之以夜"自诩，其人格堪称儒学教化下的典范，历来受人景仰。

延伸思考

司马光是如何完成《资治通鉴》这部历史巨著的？

宋　濂

名师导读

　　宋濂，字景濂，生于 1310 年，卒于 1381 年，浙江浦江人。宋濂是明朝开国的第一文臣，也是明初著名文学家，以散文见长。他的《送东阳马生序》，是历年初中语文教材的传统篇目。

　　宋濂出身贫寒，从小温饱难以保障。父亲读过些书，可后来破落了。宋濂出生后，父亲发现他智力超常，就全力培养，在他 6 岁时，父亲就教他读四书五经。父亲发现小宋濂虽聪明，但毅力却差，往往读上一个时辰，他就要跑开玩一会儿。

　　为了让儿子将来能出人头地，父亲就不断给他增加功课，想让他多花些时间去读书。可宋濂仍是老样子，读一个时辰，就要去玩儿好一会儿。父亲检查功课，他完成得又很好，也不好责怪他。

一天，父亲一狠心，让他读孟子的《许行篇》，这篇文章有好几千字。父亲心想这次看你还玩不玩。可宋濂读了一个多时辰后，又扔下书要去玩。父亲不信他这么快能读熟，就当场考查他。不料，宋濂竟能一字不差地背诵。这下，宋濂读书过目不忘的美名就传开了。

9岁时，宋濂的诗已写得又多又好了，其中流传至今的《兰花篇》有这样的诗句："阳和煦九畹，晴芬溢青兰""绿萝托芳邻，白谷挹高寒"，宋濂的这种奇才，可谓旷古无人了。

宋濂后来成名，还不是仅仅靠他的天资。宋濂青少年时期的勤奋好学，也是历史上罕见的。宋濂的家境贫寒，无力满足他读书的需要。他看的书大多是借来的，而借书的时间一般不会太长。他每次为了按时还书，不惜将书的精彩之处昼夜抄下。严冬时，砚台里的墨都结了冰，他呵口热气，抄写不懈。他就是这样赢得了信用，人们都愿借书给他。几年下来，他已遍览了群书。

20岁时，宋濂读书更深入了，这时他发现许多问题必须问老师才能明白。他家一百多里之处，有个回乡隐居的进士，开了所学舍，远近闻名，宋濂就跑去求学。当时，正值隆冬，宋濂背着沉重的行李、书籍，翻山越岭，顶风踏雪向学舍走去。一路上，他经常遇到骑着高头大马、穿着皮衣的富家子弟飞驰而过。宋濂一点儿也不羡慕他们，只是一步又一步艰难地走着。两天两夜后，他总算到了目的地。

清晨，一名学舍的用人出来开校门，看到一个浑身是雪、颜面冻伤的学生倚在大门上。用人吃了一惊，忙请他进屋坐，可此时宋濂已经一步也挪不动了。好心的用人把他背进了宿舍，给他喝了碗热汤，又打开被子盖在他身上。很久，宋濂才暖和过来。

在这之后的几年学习中，宋濂总是穿着寒酸的衣服，吃着粗糙的食物，全身心地投入学习。刚入校时，宋濂的装束、举止很不讨老师的喜欢。宋濂是何等聪明，他早就看出来了，但还是恭恭敬敬，寸步不离老师的左右，问这问那。老师有时烦了，就当众训斥他。宋濂谦和的脸色一点不变，只是不断给老师鞠躬，过后老师气消了，他还是提出那个问题，非搞明白才罢休。

很快，老师就发现这个寒酸、讨厌的学生才华出众，他提的问题常常是很难回答的。渐渐老师对他另眼看待了，师生常常在一起讨论些艰深的问题。就这样，几年后，在学识上宋濂把所有同学都远远甩在后面。老师逢人便说，宋濂将来必能青史留名，我当初那样对他太不应该了。宋濂却不以为然，对老师依然是恭恭敬敬。

宋濂学成后，见元朝崩溃在即，就回乡隐居，不愿为官。1360 年，朱元璋的起义军打到金华，朱元璋听说了宋濂的盛名，就再三请他出山。宋濂和另一著名文人刘基，同时应召，投靠到朱元璋门下。这一年，宋濂已经 51 岁了。他见朱元璋气度不凡，料定他将来必有作为，就把自己治国平天下的抱负都寄托在他身上。

朱元璋当时年仅 33 岁，他很看重宋濂的学问，两人的友谊与日俱增。朱元璋建立明朝后，宋濂被任命为太史公。朱元璋让他修编《元史》，以总结元朝灭亡的历史教训。宋濂编的《元史》令朱元璋很满意，君臣关系达到了高潮。

1377 年，宋濂伴君 18 年后，告老还乡。朱元璋再三挽留。宋濂饱读诗书，深知伴君如伴虎的道理，所以坚持要在君臣关系最好时急流勇退。宋濂的好友刘基回乡后，就是因为常过问宫廷的事，引起了朱元璋的疑心，最终被毒死了。宋濂吸取老友的惨痛教训，更谨慎了，连文章也不敢多写了。即使这样，横祸还是落在他头上。

1380 年冬，丞相胡惟庸谋反案发，朱元璋大开杀戒，数百名大臣被杀。宋濂的长孙宋慎也受了牵连，被杀了头。按明朝法律，宋慎犯的罪要株连九族，他的爷爷宋濂也要被处死。王法如山，不由分说，老迈的宋濂就被抓进京城问罪。

进城时，宋濂回想当年衣锦还乡时，是何等荣耀，可如今重返京城，却是手铐脚镣这等惨状，不禁长叹一声，感慨不已。此时他只盼朱元璋能念旧情，减轻处罚。宋濂万万没想到，朱元璋早就翻脸不认人了。他亲自下令处死宋濂。

马皇后见朱元璋如此无情无义，万念俱灰，从此吃饭不再吃肉。朱元璋发现后有些奇怪，就问原因。马皇后说："妾吃素是为宋先生做福事。"朱元璋听后，不禁动了恻隐之心，饭也吃不下了，丢下筷子就下令赦免宋濂。但是太祖不让他再住在故居，而把他流放到四川茂州（今四川汶县）。经历了这场人生灾难，宋濂一下就垮了。1381 年，他死在四川，终年 72 岁。

要点评析

宋濂一生刻苦学习，"自少至老，未尝一日去书卷，于学无所不通"。他的《送东阳马生序》一文中生动而具体地描述了自己借书求师之难、饥寒奔走之苦，并与太学生优越的条件加以对比，有力地说明学业能否有所成就，主要在于主观努力，不在天资的高下和条件的优劣，经过千辛万苦的努力，终会有所成就。他的这种认识在今天仍有借鉴意义。

延伸思考

朱元璋为什么要杀宋濂？是谁救了他？

成吉思汗

名师导读

　　成吉思汗，原名铁木真，生于公元 1162 年，卒于 1227 年。他是古代蒙古族的杰出领袖，也是卓越的军事家、政治家。让我们来看看成吉思汗的伟绩吧。

　　成吉思汗出生的那一天，父亲也速该刚好打败了塔塔儿人，抓了两个俘虏。父亲见到刚出生的大胖儿子，十分高兴。他想起俘虏中有个叫铁木真的，这名字十分响亮、上口，于是他就给儿子起了这个名字，叫铁木真，汉语意为"精钢"。

　　铁木真生活的那个时代，草原上充满了仇杀、抢劫。父亲也速该是尼伦部的首领。铁木真刚懂事那年，父亲被毒死了，部落里的人也就一个个离开了。此情此景给幼小的铁木真以极大的刺激，他发誓要报仇，要重振家威，要征服整个草原。

十几年后，铁木真兄弟几个都长成了彪形大汉，也都是草原上有名的武士了，铁木真开始一点点聚积力量，准备恢复父亲生前的声势。许多仇家惧怕铁木真家族死灰复燃，就打算先下手为强。

一天，铁木真兄妹六人在山中打猎，突然遭到泰亦乌人的围攻。老大铁木真率领两个大弟弟，掩护年幼的弟妹撤退。铁木真他们凭借有利地形放箭，阻止敌人的进攻。射杀了几个敌人后，铁木真见这样支持不了多久，就跑出去引开了敌人，让两个弟弟突围。

铁木真被敌人逼入一片原始森林，藏了九天，饿得实在不行了，才走出森林。不料敌人一直在等着他自投罗网，他被俘了。敌人给他戴上木枷，整日示众。五六天后，铁木真趁看守一时松懈，用木枷击倒看守，逃了出去。敌人发现后紧追不舍，铁木真见跑不过敌兵，就跳下大河。他借助木枷的浮力，隐藏在水中。敌人沿河搜了半天，悻悻地走了。铁木真终于脱险回家了。

经过这次遇险，铁木真成熟了许多。他明白了打天下不能只凭勇气孤军奋战，要善于团结朋友，分化敌人。不久，蔑儿乞人偷袭了他的家，抢走了他的妻子。兄弟们都要去同蔑儿乞人拼命，铁木真冷静地制止了他们。他忍痛拿出妻子的嫁妆黑貂裘皮，献给克烈部的首领王罕，请求他出兵打败蔑儿乞人。王罕对他表示同情，又约了另一个部落的酋长札木合，联合攻打蔑儿乞人。铁木真于是凭借三支大军的力量，打败了蔑儿乞人，夺回了妻子。更重要的是，通过这次战争，铁木真的势力大大增强了。

铁木真势力的发展，使他的朋友札木合感到不安。他借口弟弟被铁木真的人杀了，调动了三万人马分十三路进攻铁木真。铁木真只好将自己不多的人马分为十三翼迎敌。这就是蒙古历史上著名的"十三翼之战"。在这次战争中，铁木真不敌札木合大军，败退到鄂嫩河去了。

金朝与铁木真共同剿灭塔塔儿族，塔塔儿族首领蔑古真被铁木真杀死，他的大部分人马也归了铁木真。战胜塔塔儿人后，金朝就依靠铁木真，正式封他为金朝官员。从此，铁木真一跃为漠北草原最有实力与威信的首领。

铁木真在漠北崛起后，与其他部落的矛盾就越发尖锐了。1201年，一些部落推举札木合为汗，联合出兵攻打铁木真。铁木真巧妙利用了那些部落之间的矛盾，分而治之，打垮了札木合。1202 年，铁木真消灭了塔塔儿的残部。这标志着东蒙各部已被铁木真征服，接下来，铁木真打垮乃蛮人和札木合统一了蒙古草原。1206 年，铁木真在斡难河畔（黑龙江上流之一，源出蒙古国）举行加冕大会。44 岁的铁木真在欢呼声中登上蒙古大汗的宝座，尊号为"成吉思汗"，"成吉思"蒙语的意思是"最强大"。

成吉思汗即位后，抓紧改革蒙古的传统制度，大量吸收汉文化，加快了蒙古封建化的速度。他开始创造并使用蒙古文字，建立了司法部门，训练了一支强大的蒙古骑兵。成吉思汗看到了自己强大的力量，就更不满足仅统治一个蒙古了。他开始向外扩张了。

公元 1227 年，成吉思汗在征伐西夏期间病逝，享年 66 岁。

成吉思汗一生，有功有过，功大于过，所以他不愧为我国古代史上一位伟大的人物，就像毛泽东称赞的那样，他是"一代天骄"。

要点评析

成吉思汗幼时失去父亲，由母亲带入树林生活，靠母亲一个人打猎、采集为生，这才练就了他刚强的性格。他曾说过这样一句话："拼杀冲锋的时候，要像雄鹰一样；高兴的时候，要像三岁牛犊一般欢快；在明亮的白昼，要深沉细心；在黑暗的夜里，要有坚强的忍耐力。"的确，他也用自己的一生践行着这句话，着实令人敬佩。

延伸思考

铁木真采取了什么政策使部落变得强大起来？

黄 宗 羲

名师导读

　　黄宗羲是明末清初的著名学者。他学识渊博，对天文、律历等都有独到的研究，是那个时期的启蒙思想家。清代康熙年间，康熙皇帝为了加强自己的统治地位，非常重视研究汉族人的文化，于是下令设立史馆招纳天下学者来纂修明史。可这些云集京都的史才、学者们每当遇到史学上的重大疑案，总要到千里以外去向一位老人求教，许多篇章要这位老人审定后才能成文。他名字不见《明史》编纂者的行列，却是《明史》编纂的核心人物。这位老人就是黄宗羲。

　　黄宗羲是浙江省余姚人，公元1610年生于一个书香世家。他的父亲黄尊素，是明代的一个著名学者。黄尊素为人正直，治学严谨，对黄宗羲的学习要求非常严格。黄宗羲小时候学习兴趣非常浓厚，什么书都读，这让他的父亲既高兴又忧虑。有一天，父亲看见黄宗羲抱了一本古典小说着了迷，便严肃地说：

"孩子，你爱学习是好事，可是学问必须有根底，历史上的事不可不知啊！"黄宗羲那时还不完全懂得父亲的话，就默默地点了点头。从此，他便在父亲的指导下，攻读史学方面的著作，越读越有兴趣，简直着了迷。他常常每天读一本书，通宵达旦地读，写了不少笔记和心得体会。两年坚持下来，黄宗羲打下了扎实的史学基础。

正当黄宗羲一心读书走治学的道路时，他的家庭遭受了重大的打击。这天，黄尊素正在一所祠堂里讲学时，被一伙来路不明的人给抓走了。黄宗羲一家人心急火燎，千方百计营救父亲，可是无济于事。原来他父亲是东林党的首领之一，写了一封给皇帝的信，控告宦官魏忠贤一伙的罪行。不料，信却落在魏忠贤手中，魏忠贤便命令爪牙暗害他。黄尊素被抓进监狱，受尽了酷刑，但他坚贞不屈，决不向魏忠贤投降，最后被迫害致死。

父亲的死给黄宗羲精神上以很大的打击。但他没有流泪，只是把对封建专制政治的仇恨埋在心里。他更刻苦地读书，并拜当时的大学者刘宗周为老师，学问更加长进。

崇祯皇帝即位后，对魏忠贤一伙的罪恶进行了清算，迫使魏忠贤自杀。一时全国上下都欢呼雀跃。崇祯皇帝很想得到老百姓的信任，便再三下令，清除魏忠贤的党羽，为魏忠贤迫害致死的人平反昭雪。消息传来，黄宗羲一家高兴地流下了眼泪。听说朝廷抓了100多名魏忠贤的党羽，黄宗羲满腔愤怒，要到京城去为父亲报仇。他日夜兼程赶到北京，看见大街小巷已经贴满了抓捕魏忠贤党羽的布告，还公布了公开审理的日期。黄宗羲心里万分激动，只等审理的日期。

审理那天，黄宗羲早早来到会场，向主审官递交了控告书，为父亲申冤。当他得知迫害父亲的凶手也在其中时，黄宗羲悲愤得难以自禁，拿着一把铁锥子猛地朝仇人刺去。这个人惨叫一声，当场死去，黄宗羲终于为父亲报了仇。这一下黄宗羲可以安心地做学问了，可惜好景不长。

1644年，崇祯皇帝上吊自杀，福王在南京建立南明政权。但他贪图享受，昏庸无能，朝政逐渐被宦官马士英、阮大铖把持。他们耀武扬威，为非作歹，使奸宦势力又死灰复燃。黄宗羲眼看国家又要毁在他们手里，便率领东林党的子弟，四处讲演，给皇帝上书，揭露宦官的罪行。马士英、阮大铖对其恨之入骨，便大肆捉拿东林党人。黄宗羲知道这帮宦官心狠手毒，只好暂时隐退。

马士英、阮大铖陪着皇帝寻欢作乐，使腐朽的南明政权很快就被清朝消灭。亡国之后，黄宗羲悲痛得放声痛哭。他既痛恨马士英一伙葬送了明朝江山，又痛恨清兵的野蛮入侵。他迅速把四明山上的兄弟们召集起来，说："今天，大明江山被清兵侵占了，我们只有组织起来和清兵斗争，才有复兴我明王朝的希望。"大家听了这番话，群情激昂，便在四明山安营扎寨，组织起一支抗击清兵的队伍。

清兵占领南京后，大肆镇压反清志士。当他们得知四明山有一支抗清队伍后，便组织了大批兵力攻打。黄宗羲一马当先，率领队伍英勇地同清兵拼杀。奋战了一昼夜，抗清队伍的战士大半阵亡了，而包围的清兵越来越多。为了保存实力，黄宗羲只好下令从小路撤退。他自己则领着几个战士日夜兼程，到福建去投奔鲁王。他把鲁王看成复兴明王朝的希望，其实，清兵大举南侵，此时的鲁王也已危在旦夕。黄宗羲投奔鲁王后，便组织军队在舟山群岛一带和清兵战斗。经过几次激战，他手下的兵力越来越少，很难维持下去。黄宗羲走投无路，毅然决定漂洋过海，到日本去请求援兵。

可是，刚出海不久，海面上就刮起了大风，继而波涛汹涌。船很快被风暴撕成了碎片，船上的人全部落海，黄宗羲和几个人抱着碎木板，随着波涛漂浮。几天之后，当黄宗羲饥渴疲惫地返回舟山群岛时，人们告诉他鲁王政权已被清王朝吞灭了。

听到这个消息，精疲力竭、浑身伤痕的黄宗羲没有流泪。他只是两眼发呆地望着天空，一动不动。他知道，他一生追求的政治理想失败了。复兴明朝没有希望，这对于他，是一个沉重的打击，但也最终解脱了。他缓慢地收拾好行李，踏上了回归故乡的路。这一年，黄宗羲 36 岁。

从此，黄宗羲在家专心致志地研究学问，讲学著书，虽足不出乡里，却文名满天下。他写了许多著名的学术著作，如《明夷待访录》《明儒学案》等，开创了浙东史学研究的风气。黄宗羲学说的核心是"非君说"的朴素民主思想，认为"天下之治乱不在一姓之兴亡，而在万民之忧乐"，揭露了君主一人私有天下产业的罪状，这在当时无疑是进步的。

公元 1695 年秋，黄宗羲在故乡病逝，终年 85 岁。

要点评析

黄宗羲少时为父鸣冤，庭锥奸党，归乡后，即发愤读书，"愤科举之学锢人，思所以变之"。明亡后抗清，遇兵败后隐居。他学问渊博，思想深邃，著作宏富，与顾炎武、王夫之并称明末清初三大思想家（或清初三大儒）。马叙伦称道黄宗羲是秦以后两千年间"人格完全，可称无憾者"的少数先觉之一。

延伸思考

黄宗羲为什么要去日本，他成功了吗？

康　熙

名师导读

　　康熙（1654—1722）是中国封建社会后期的一位著名皇帝。他在位61年，是中国封建帝王在位时间最长的一位。他平定三藩，统一台湾，扫清漠北，稳定西藏，修治黄河，实行滋生人丁永不加赋政策，不论是文治还是武功，都做出了巨大的历史贡献，开创了清王朝强大繁荣的"康乾盛世"。

　　康熙皇帝是顺治的三儿子，从小就志向很大，很受他父亲的宠爱。有一次顺治皇帝一手搂着康熙，一手搂着二儿子福全，问他们："你们长大想做什么？"福全马上回答："我愿做个贤德的亲王。""你呢？"顺治问不作声的康熙。康熙用小手摸着父亲的龙袍说："我愿像父皇那样，做个英明的天子。"顺治听了非常高兴，觉得这孩子有出息，并且无论长相和脾气，都与自己很相似，对他就更喜欢了。

康熙 8 岁时，顺治皇帝驾崩，这个未成年的孩子就继承帝位，成了一位少年天子。

康熙年龄虽小，却读了不少汉文典籍，懂得不少治国安民的道理。他 16 岁时渐渐发现他的辅政大臣鳌拜舞权弄势，置国计民生于不顾，有叛乱的迹象，便倍加警惕。他挑选了上百名皇族少年，在宫中练习武功，作为贴身侍卫。其实鳌拜对于康熙皇帝日渐成长，越来越不听他的摆布也颇具戒心，他准备在康熙皇帝的权威还未完全树立的时候就下毒手，另立一个听话的皇帝。

康熙皇帝知道了鳌拜的野心后，加紧操练队伍并多方搜集鳌拜的罪行。证据确凿后，康熙皇帝召鳌拜入宫议事，用绳索将其五花大绑，平息了这场阴谋反叛事件。

可是统治一个国家经常是一波刚平，一波又起。过了没多久，吴三桂等挑起的叛乱事件在南方爆发了。与此同时，东南海疆也一直未曾平静。沙俄见状认为有机可乘，也趁机在东北蚕食黑龙江流域大片土地，掠夺资源。不仅如此，沙俄还挑拨中国民族关系，鼓动蒙古的准噶尔部起来作乱。

面对四方战事，康熙皇帝临危不惧、沉着应战，先是用了八年时间平定了吴三桂等挑起的云贵、福建、广东三藩叛乱，又攻下台湾，使之回归大清帝国。在反抗沙俄侵略中国的斗争中更是表现了卓越的外交才能。以后又——平了准噶尔叛乱和西藏叛乱。

经过了一系列南征北战，康熙皇帝以他的雄才大略稳定了国家，维护了统治。但是，深谋远虑的康熙皇帝并不因此满足，他认为，要使社会秩序真正安定，使老百姓在安居乐业的情况下心悦诚服地拥护清朝，必须切切实实地做些于国计民生有益的事情。治理黄河就是一项重要举措。康熙皇帝以其非凡的魄力，不惜人力、财力、物力，终于使灾害无穷的黄河得到一定的控制，使老百姓的生命财产有了保障。

康熙皇帝在军政事务都很繁忙的情况下，一生中六次南巡。他33岁时，第一次南巡。因为这次南巡带有私行察访的性质，所以没有惊动更多的人。过了五年，他又进行了第二次南巡，视察了治河工程又了解到了吏治上的不少弊病，为改革陈规陋习找到了根据。

从康熙四十二年以后，康熙皇帝每隔两年南巡一次。这表明了他在位晚年，社会秩序已经安定。南巡也使康熙皇帝的地位大大提高。

作为一个封建帝王，康熙确实政绩卓著，他在位的61年中，做了不少利国利民的好事，可以说是一代英主。但由于其历史的局限性，他也做了一些甚至是非常残酷的事情。大兴文字狱就是其中一例。

在康熙皇帝用兵西藏时，内地就有人暗中传播民族意识，反抗清朝统治。康熙皇帝就采用高压手段镇压。两次大的文字狱无辜冤死的有几百人之多。但康熙觉得光用高压手段来对付文人学士也不是好办法，这样治不了本，于是他又用功名利禄笼络他们，使他们觉得反清没有前途，而把本领贡献给清朝则前程远大，可以升官发财，名利双收。康熙皇帝网罗了一大批文人学士，经过了整整五年的时间，编成了一部当时中国最大最完备的、收录了49030个字的《康熙字典》。

康熙皇帝恩威并重，有效地巩固了他的统治。身体健康、统治稳固，使康熙成为中国历史上在位最久的一个皇帝。但是皇帝寿命过长，也会出现新问题，就是给皇位继承人及其拥护者带来急躁情绪，使他们眼巴巴地盼望着老皇帝赶快去世。康熙逝世后，就因皇位问题闹出了一场政治风波。

康熙是中国历史上少有的嗜书好学的帝王。他在出巡途中，深夜乘舟，或居行宫，谈《周易》，看《尚书》，读《左传》，诵《诗经》，赋诗著文，习以为常。直到花甲之年，仍手不释卷。

自然科学方面的数学、天文、历法、物理、地理、农学、医学、工程技术，人文方面的经、史、子、集，艺术方面的声律、书法、诗画，他几乎都有所研究。他写出了八九十篇关于自然科学方面的论著，亲自审定了多种历史方面的书籍，他还精通多种民族语言，是一位博览群书的皇帝。

延伸思考

查阅相关资料，用自己的话说说康熙是如何收复西藏的。

张　良

名师导读

　　张良，字子房，生年不详，卒于公元前186年。他的祖先是韩国人，曾经五代为韩国丞相。韩国被灭后，为了报仇，张良收买了刺客，在博浪沙（今河南阳武县）谋刺秦始皇未遂。为逃避追捕，张良逃到下邳（今江苏邳州市）藏了起来。而后会有什么故事发生呢？让我们一起来看一下。

　　张良闲居，无所事事，经常信步乡里。一日，他来到村边的一座小桥上，迎面遇见一个褐衣老人。那老人见张良上桥，端详了他好一会儿，突然踢落鞋子，令张良下桥去捡。张良羞愤得刚想破口大骂，但见那老人已是古稀之年了，就忍下气，转身下桥捡鞋。老人得寸进尺，让张良替他穿在脚上。张良这次倒没生气，他想既做好事，就要做到底。他二话没说，就跪下为老人穿鞋。老人心安理得地看着张良为他做好了一切，也不感谢，大笑而去。张良诧异，不禁跟上老人，想问个究竟。走了很远，老人才回头说："你这个小子可以教诲，五天后清晨，我们桥上细说。"

第六天清晨，张良来到桥上，那老人已候在桥上了。张良施礼，刚要说话，老人生气地打断他："后生与老人相约，反比老人迟到，太不像话！得，五天后再见吧！"说完飘然而去。

过了五天，鸡刚刚叫出声，张良就赶到桥上，但老人又早到了。老人生气地说："怎么又晚了，再过五日早些来！"又过了五天，张良索性连觉都不睡了，大半夜的就来到桥上。过了一会儿，老人才来。他见了张良高兴地说："这才像样。"说着，从怀里取出一本书，"读通此书，王侯将相任你做。"张良接过书，还想问些什么，可老人一晃就不见了。张良揉了揉眼睛，什么也看不见。

天亮了，张良翻看手中的书，是一部《太公兵法》。张良知道这是本失传了的奇书，就高兴地回到住所，日夜反复诵读，牢记在心。

过了10年，也就是公元前207年，陈胜、吴广在大泽乡起义，天下英豪群起响应。张良也召集了几百个年轻人组成义军。他们在留邑（今江苏彭城）遇上了沛公刘邦的队伍。张良带着全部人马加入刘邦的义军。张良常把兵书上的道理讲给刘邦听，很快就成了刘邦的高参，每逢大事，刘邦必请教张良。张良见刘邦器重自己，每次无不尽心尽力为他出谋划策。

秦朝在各路诸侯沉重打击下，危在旦夕。天下诸侯相约，先入秦国函谷关的人为王。张良就建议刘邦避实就虚，不与强敌纠缠，抢先入关。刘邦听了张良的建议，一路上过关斩将，很快打到函谷关的最后一道屏障峣山。刘邦原打算率两万人强攻，张良劝阻道："这里的秦军还很强大，不可轻敌。听说峣关守将是屠夫之子，贪图小利。我们应派人去收买他，另外在峣关附近多树旗帜，用疑兵计迫他献关。"刘邦同意，派人依计行事。守峣山的秦将果然投降沛公，约好第二天偷袭咸阳。可当天夜里张良又对刘邦说："现在只是秦将要降，他部下和士兵没得到好处，未必愿降。这就恐怕会临时生变。不如此时，趁他防守松懈，突然袭击。"刘邦听了叫绝，立即带军队发动突袭，结果大破敌军，过了峣山天险，顺利攻进咸阳。

占领咸阳后，刘邦见秦宫奢侈无度，金钱美女，不计其数，就想留下来好好享受享受。大将樊哙劝刘邦火速出宫回营，主持军务。刘邦正在兴头上，岂肯离去。樊哙无奈，就去请张良。

张良上前劝说刘邦："您能有今天，还不是秦王荒淫无道所致。现在天下未定，正该艰苦奋斗。可您刚攻入秦宫，就贪图安乐，不求进取，这不是要步秦王的后尘吗？古人云：'良药苦口利于病，忠言逆耳利于行。'愿您能听樊将军的忠告，出宫回营。"刘邦无奈，只得悻悻离开秦宫。

项羽进关后，见刘邦胸有大志，就要杀刘邦以除心腹大患。项羽在鸿门设下酒宴，请刘邦前去。刘邦明白，如不去，就给项羽消灭自己提供借口；去吧，明摆着宴无好宴，必死无疑。刘邦进退两难，让张良想个万全之策。

幸好，张良曾救过项羽叔父项伯的命，为报答张良，项伯得知项羽要消灭刘邦的阴谋后，连夜来到汉营，把底细都告诉了张良，让他趁早逃走。张良让项伯见了刘邦，刘邦装出谦恭可怜的样子，打动了项伯。项伯决心说服项羽，不杀刘邦。刘邦大喜，立即与项伯结为儿女亲家，以此拉拢项伯。

在鸿门宴上，险象环生，多亏张良细心调度，刘邦才安然脱险。后项羽封刘邦为汉中王，张良就劝刘邦速回封地，并烧毁进汉中的唯一通道栈道。这样就迷惑了项羽，赢得了时间，发展了力量。

楚汉战争爆发后，刘邦不敌项羽，屡战屡败，最后还是张良在危难时机，提议封韩信、彭越等人为王，韩、彭才卖力参战，打败了项羽。公元前202年，刘邦分封功臣，张良没有攻城略地的战功。但高祖说："运筹帷幄之中，决胜千里之外，此功唯有子房，无人可比。"刘邦封给张良齐国的三万户百姓。

张良谢绝高祖的封赏，说："当初我在下邳起义，后与陛下在留邑相会，才能施展自己的抱负。这是上天把我送给陛下，让我助陛下一臂之力。陛下能用我的计策，并万幸成功，这不过是我的运气。没有陛下就没有我张良，我能有幸被封在留邑就很满足了，岂敢再要那三万户百姓呢！"于是刘邦就封张良为留侯。

要点评析

张良因谦恭获得真才实学，又能审时度势选择明主，施展才能。他以智慧得名天下，成为历代文人谋士学习的榜样。

延伸思考

张良是如何获得高祖的赏识的？

岳　飞

名师导读

　　公元 1103 年的一天，在河南的一个村庄里，一个男孩呱呱降生了。这时恰巧有一只大鸟从屋顶上飞过，孩子的父亲便给他起了个名字：飞。这个男孩就是后来的著名抗金英雄岳飞。岳飞都有哪些英雄事迹呢？让我们一起去文中寻找答案。

　　岳飞的祖祖辈辈都是农民，岳飞从小也就参加了农业劳动，磨炼得意志顽强，筋骨结实，力气巨大。还未成年，他就能拉动三百斤的硬弓。当时金兵已开始侵扰我国北方，岳飞为了保卫家园，常阅读兵书，练习武艺。他曾向同乡周同学得了一手好箭法，能左右开弓；他又向一个叫陈广的人学习枪法，能把大枪使得上下翻飞，如同蛟龙出水一般。不久，岳飞参加了宋朝的军队。在临行前，他的母亲为了坚定他的斗志，特意拿针在他背上刺下了"尽忠报国"四字。在以后的戎马生涯中，岳飞时时刻刻牢记着这四个字。

岳飞参军后，作战非常机智勇敢，曾打过不少漂亮仗。他虽然当时只是一名下级军官，却立志要杀退金兵，保卫祖国大好河山。当岳飞听说宋高宗要向南逃跑时，非常气愤。他不顾自己人微言轻，大胆地直接上书皇帝，反对逃跑，要求收复失地。这一举动使投降派大为恼火，他们给岳飞加上越级上书的罪名，撤销了他的军职。

岳飞受到挫折，并没有灰心，而是继续寻找报国的机会。正在这时候，爱国将领张所正在招募义勇军，岳飞便来求见。张所早已知道岳飞的忠勇，便将他编到部队中当了一名军官。

公元 1127 年 9 月，岳飞和主将王彦率领一支七千人的部队向河南的新乡进发。王彦见那里的金兵势力很大，便有些犹豫不前，岳飞抗金心切，当面斥责了王彦，接着，就跃马扬刀，带领着自己的一部分人马，向盘踞在新乡县城的金兵杀去。金兵将领见来人是一员小将，根本没放在眼里，马上大开城门迎战。两马一错蹬的功夫，只见岳飞一手提枪，一手抓住金将的衣带轻轻一提，就把他活捉了过来。敌军一见，阵脚大乱。岳飞趁机指挥部队掩杀，攻克了新乡县城。很快，金兵便纠集了人马疯狂反扑。城内的粮食用完了，外面也没有救兵，岳飞不得不突破重围，投奔到老将宗泽门下。

宗泽批评了岳飞不守军纪、擅自离队的行动，同时，又见他爱国热情可嘉且又英勇善战，便让他继续领兵，将功补过。在一次战斗中，岳飞与金兵对峙，金兵人多势众，自己的粮草已经快用光了。在形势危急的情况下，岳飞想出了一条妙计。他挑选了三百精兵，埋伏在山下，到了半夜，他命令士兵各举两把点燃的柴草向敌人冲去。敌人在睡梦中突然惊醒，一见火光冲天，以为宋军大队人马杀到，纷纷逃窜。岳飞在后勇猛冲杀，打了一个大胜仗。宗泽见岳飞机智勇猛，便又提拔了他。

岳飞排兵布阵，并不喜欢依照兵书规则，只是利用自己的机智和胆识，根据战场情形随机应变。宗泽虽然很赏识岳飞，但对这一点却迷惑不解。有一天，他对岳飞说："你虽智勇过人，但作战不合古人兵法。如果你只是员偏将，这样做也许还可以，但若是作为大将，那可就不是万全之计了。"说着，又把一份古代的阵图交给岳飞，要他好好研究。

岳飞谦虚地把阵图认真看过之后，找到宗泽，谈了自己的主张，他说："阵法规则，只说明一般的道理，交战双方因时因地会有很多不同变化，切不可将兵法看得过死，主要还是在于自己的谋略。"

宗泽听了，连连点头，觉得这位年轻人一定会有大作为。岳飞在以后的战斗中，也一直是这么做的，所以才能成为使敌人闻风丧胆的抗金统帅。宗泽去世以后，岳飞继续转战抗金前线，多次重创敌军，还恢复了古城建康。之后，他又讨平了多股土匪游寇，为内地人民解除了祸患。岳飞的部队所到之处，军纪严明，"冻死不拆屋，饿死不掳掠"，深受老百姓欢迎。岳飞的威名从此家喻户晓，岳家军也日益壮大，发展成一支有四万人的队伍。宋高宗为了奖励岳飞的功劳，特赐他一面绣着"精忠岳飞"的军旗，并封他为独当一面的军事统帅。

公元 1133 年，金朝扶植的刘豫傀儡政权在金兵的配合下占领了襄阳等六州。岳飞得知后，陷入了沉思，他想：襄阳六州地形险要，是恢复中原的基地，敌人占领了它，也很容易继续南侵，所以一定要把六州夺回来。他毅然提笔，向宋高宗上书请战，高宗起初还想妥协退让，但感到敌人的威胁越来越大，又看到岳飞斗志高昂，也就不得不同意岳飞率军北征。

第二年，岳飞的大军就从鄂州向郢州进发。途中，岳飞看着滔滔长江和千里稻田，心中充满了对祖国的热爱和战斗的豪情，他发誓说："捉不住敌酋，收复不了六州，我就再也不过这条长江！"

郢州的守将是号称"万人敌"的京超，岳飞先是派人去劝降。他不但不听，反而坚守城池，闭门不出。岳飞大怒，亲自击鼓，激励将士攻城，众将士个个奋勇争先，杀敌无数，很快就攻下了郢州。

接着，岳飞分兵两路，派部将张宪、徐庆和儿子岳云等去收复随州，自己则亲率大军直奔襄阳。

襄阳守将李成出城四十里迎战。他将骑兵布置在河边险要处，将步兵布置在空旷的平地上。岳飞一见，哈哈大笑，说道："步兵适宜在险阻之处作战，骑兵适宜在平原上作战。像李成这样布阵，虽有十万人马，又有何用。"说着，他命令王贵带长枪步兵去攻其骑兵，又命令牛皋带骑兵去冲他步兵。一交战，敌军就被杀得七零八落，岳飞乘势收复了襄阳六州。

岳飞本想继续前进，收复更多失地，但宋高宗无心同金兵多战，百般限制岳飞的行动，命令他不许追敌，也不给他充足的粮食接应。岳飞只得下令回师，驻扎在鄂州。

岳飞的抗金抱负由于宋高宗和投降派的阻挠，总是无法施展。他感到非常郁闷。这时，他遥望北方，想着自己半生的冲锋陷阵，写下了千古传诵的《满江红》一词：

怒发冲冠，凭栏处，潇潇雨歇。抬望眼，仰天长啸，壮怀激烈。三十功名尘与土，八千里路云和月。莫等闲，白了少年头，空悲切。

靖康耻，犹未雪，臣子恨，何时灭。驾长车踏破贺兰山缺。壮志饥餐胡虏肉，笑谈渴饮匈奴血。待从头，收拾旧山河，朝天阙。

腐朽的宋王朝根本无视爱国之士的抗战热情。公元1139年正在抗金斗争风起云涌、抗金形势非常有利的情况下，宋高宗让秦桧去接受金朝的"和议"。从此，宋朝要向金朝称臣，还要进贡大量的银绢。岳飞对这次屈辱的和谈非常气愤，马上上书反对和约，他指出："敌人贪得无厌，不讲信用，我们不可相信和约。……我的决心是彻底消灭敌人，收复失地。"

果然不出岳飞所料，议和还不到一年，金兀术就撕毁和约，大举南侵。宋高宗投降不成，只好被迫应战。岳飞早已按捺不住内心的怒火，虽然朝廷只是消极应战，但岳飞一接到命令便立刻积极行动起来。岳家军很快就攻克了颍昌、陈州、郑州和洛阳等地。金兀术惊慌失措，知道不消灭岳飞便无法继续南侵。于是，金兀术派出他的最精锐部队"铁浮图"和"拐子马"，气势汹汹地来和岳家军决战。这"铁浮图"和"拐子马"都是金军的铁骑，人和马都被厚厚的铠甲包裹着，每三骑为一组，拿绳索串联起来。金兀术的这支部队锐不可当，以前还未曾失败过。

战斗激烈地开始了，岳飞像每次战斗一样，一边指挥若定，一边像个普通士兵一样冲杀在前。为对付敌人的"拐子马"，岳飞吩咐士兵手执长刀、长斧，专砍敌人的马腿。敌军三骑相连，只要一匹马被砍倒，另外两匹便即刻动弹不得。这一仗，杀得敌人人仰马翻，溃不成军，纷纷向北败退。

在以后的几次战斗中，金兵又被打得落花流水。岳飞乘胜追击，又取得了朱仙镇大捷。自此，金兵只要一看见"岳"字大旗，就落荒而逃，就连金兀术也不得不感叹道："撼山易，撼岳家军难！"

这时候，早就盼着五师北伐的北方老百姓和民兵，听到岳飞抗金大胜的消息，都纷纷行动起来，或参加岳家军，或配合作战。岳飞看到抗金形势大好，非常振奋，准备渡过黄河，一举全歼敌军。他朗声对身边的部下说："我们要直捣敌人老巢黄龙府，到那时，我将与大家一起开怀痛饮！"

然而，就在这个时候，秦桧等人却一味投降卖国，他们害怕岳飞的进攻会触怒金朝统治者，又害怕抗金斗争的胜利会使自己宝座不稳。他们一天连下十二道金牌，逼迫岳飞火速撤兵。岳飞仰天长叹，向南方拜了几拜，说道："十年之力，废于一旦。"岳飞撤兵时，沿途百姓拦住他的马放声痛哭，岳飞也悲痛欲绝。

他拿出皇帝的诏令让大家看，流着热泪说："我也是万不得已，我不能擅自留在这里啊！"岳飞回师后，秦桧加紧了对他的迫害。他先是免除了岳飞的兵权，随后又罗织罪名，将岳飞逮捕下狱。在狱中，岳飞被打得鲜血淋漓，但他仍坚强不屈，怒斥了投降派的丑恶行径。秦桧恼羞成怒，再加上金兀术又曾密令他除掉岳飞，于是，在公元1142年1月的一个夜晚，以"莫须有"的罪名将岳飞杀害在风波亭。

就这样，英勇善战的岳飞不是死在战场上，而是死在了投降派的魔爪中。

要点评析

岳飞艰苦朴素，无私无畏，把毕生的心血和宝贵的生命，都贡献给了保卫祖国的壮丽事业。人民景仰他、爱戴他、怀念他，他的名字在我国已是家喻户晓。当然，岳飞是封建统治阶级的一员，有其不可避免的阶级局限性，如他有浓厚的忠君思想，曾镇压过钟相杨幺起义等。但是，作为一个伟大的英雄，他的不朽的功勋、动人的事迹和崇高的精神，将万古流芳。

延伸思考

1. 岳飞的母亲在岳飞背上刺了什么？
2. 秦桧等人害死岳飞的直接原因是什么？

史 可 法

名师导读

　　史可法，字宪之，号道邻，祖籍顺天府大兴县（今北京市大兴区）。明朝万历三十年（1602）生于河南省祥符县（今开封市），1645年被清军肢解，壮烈牺牲。史可法是一位伟大的民族英雄。他在明清交替的历史舞台，凭借着自己的一腔爱国热血，演出了抗击清兵殉节扬州的慷慨悲壮的一幕。

　　天启元年（1621）冬天，在一个北风呼啸、大雪纷飞的傍晚，顺天府学政左光斗身穿便装，带领几个幕友，乘兴踏雪，忽见前方有一古庙，便登上山门，走进庙中。旁屋有个年轻人，大概因读书疲困，正伏案打盹，案头摊开一篇刚刚写就墨迹未干的文章。作为一府主管教育的官员，左光斗顺手拿来，看了几行，眼睛便闪出惊喜的光彩。他见这年轻人的文章有见识有文采，爱才之心油然而生，忙放下文章，脱掉自己身上贵重的貂皮袍子，轻轻地披在年轻人的身上，然后带上门，悄悄离去。左光斗求贤若渴，几经打听，才知那个才华出众的年轻人叫史可法，是到祖籍来参加考试的。不久，府试开考，左光斗走到史可法桌前，看了看已经写了大半的文章，微笑着点了点头。过不久，金榜张贴出来，史可法赫然名列榜首。左光斗把史可法收为自己的门生，将他安顿在自己家食宿，视为自己的儿子，还月月支薪水，给他奉养父母。史可法虽已年过二十，却还未脱尽孩子气。一天，他好奇地把老师的官服穿在身上，不巧被左光斗撞见，这可把史可法吓坏了，可左光斗却意味深长地说："没关系，你将来要当宰相呢！"他们师生常常促膝相谈，说古论今，忧国忧民。

明朝末年，政治腐败，阉党魏忠贤独揽朝政，残酷地镇压开明的东林党人。左光斗被打入监狱，遭受铁烙的酷刑，命在旦夕。史可法买通狱卒，化装成掏大粪的，闯入关押老师的牢房。此时，左光斗的面部已被烙焦，眼睛不能睁开，左膝以下筋骨分离，正倚墙而坐。史可法见此惨状，跪在老师面前抱着老师的左腿，失声痛哭。左光斗得知是史可法，用手拨开眼皮，怒目而视，愤慨骂道："没出息的奴才，国家败坏到这种地步，我已无希望了，你到这里来寻死，天下大事将靠谁来支撑！"说着抓起地下的刑具要打史可法。史可法深知老师的一片苦心，留下深深的一瞥，含泪逃离监狱。这事对史可法的心灵震动极大，左光斗的高尚品质，深深铭刻在史可法心中，造就了他赤诚的肝胆。

崇祯元年（1628），史可法经皇帝面试，中了进士，被授予西安府推官之职。后来曾和卢象升一起镇压过李自成率领的农民起义。崇祯十六年（1643）史可法升任南京兵部尚书，成为支撑即将倒塌的明朝的大柱。李自成攻进北京，崇祯吊死煤山后，他为扶助风雨飘摇的南明王朝更是竭尽全力。

清朝摄政王多尔衮深知，夺取江南的主要障碍是史可法。于是他写了一封信，信中连拉带打，露骨的威胁和无耻的诱降并用，气焰嚣张，咄咄逼人。史可法将信上交朝廷，同时又修书一封给多尔衮，委婉地将多尔衮的无理要求逐条驳回，义正词严地拒绝了多尔衮的诱降阴谋。

1645 年春，前线形势吃紧，史可法顶风冒雨飞驰扬州，赶紧部署守城工作，迎接即将到来的血战。清兵用刚刚运到的红衣大炮攻城轰炸城头，十几发炮弹炸开了一个缺口。清兵在炮火掩护下，如狂涛般向城内猛攻。史可法一面告谕百姓：破城后，抗拒不降的罪名，他一人承当，决不连累百姓；一面下命用土炮狠狠还击清兵。凶恶的敌人还是涌上了城头。此刻，史可法的颈血已染红衣襟。他又命义子史德威动手杀掉自己，史德威又怎忍心应允，忙哭着摇头跑下。

众将见形势紧张，不容分说便拥着史可法突围，部将庄子固等不幸中箭身亡。尽管义子拼死保护，还是被清兵围住。史可法见事已至此，便愤然大呼："我就是史可法，快带我去见你们的主帅！"清兵闻声，都吓得倒退几步，呆呆地不敢向前。

在残破的扬州城楼上，史可法和清豫亲王多铎终于见面了。敌帅忙命降将杨遇著前来确认，证明不假。史可法冷笑道："多铎，杀剐由你，何须啰唆！"多铎却装出一副敬重的样子："过去几次书信相招，先生不肯屈就，现在你已尽了臣子的忠心，对得起明朝了。如果能为我收拾江南，荣华富贵享受不尽。"史可法怒火中烧，斥道："我身为朝廷大臣，岂能卖国求荣，头可断，身不可辱！"多铎不死心，便以明将洪承畴降清后，被委以重任为例，继续劝降。史可法讥笑了洪承畴一番，又说："大丈夫岂能学一条狗！"多铎恼羞成怒，拔出佩刀就朝史可法砍去，但见史可法迎着利刃，昂头挺胸，岿然不动。刽子手反被这大无畏的气概镇住了，倒退几步，待惊乱稍定，连连叫道:"好汉!好汉!"多铎不再抱任何希望,无奈地说:"那我就杀了你,成全你的名节吧!"不久,史可法被清军用肢解的酷刑杀害了。那年,他只有44岁。

要点评析

史可法的血和抗清牺牲将士的血流在一起,扬州百姓哭泣着把他生前穿过的衣服偷偷葬在梅花岭下,时值阴雨绵绵的四月,雨水和泪水融在一起,人们的心中矗立着一个崇高的民族英雄的形象。

延伸思考

史可法狱中看望老师左光斗为何遭到他的训斥?

王 国 维

　　王国维是清朝末年、民国初年我国著名的学者及国学大师。郭沫若曾盛赞王国维，说他的影响会永垂不朽，又说王国维的全集和《鲁迅全集》可同与日月争辉。

　　公元 1877 年 12 月，王国维出生于浙江海宁，字静安，号观堂。在王国维生活的时代，中国正发生着新旧交替、翻天覆地的动荡和变化。当时的许多中国知识分子已开始对传统文化产生了怀疑，而这种社会现状也深深地影响着王国维。

　　王国维天资聪明，很小就在家乡出了名。父亲见他科举有望，就整天逼迫小国维苦读经史子集，练习八股文的做法。很快，王国维就厌倦了这一切，结果他连乡试都没能过关。王国维不顾父亲的压力，坚决放弃了科举考试。为此，父子关系恶化，王国维离家出走，跑到上海谋生，这一年，他才 21 岁。

到上海后，他举目无亲，生活艰难。幸亏《时务报》招聘工作人员，王国维被录用了。《时务报》的主编是梁启超，他是个激进的改革家，在报上终日宣扬变法。对封建文化深恶痛绝的王国维，在此呼吸到了清新的空气，别提多愉快了。正当王国维的思想日趋成熟，成为变法拥护者时，震惊中外的"戊戌变法"失败了。在清政府的血腥镇压下，变法者死的死、逃的逃，一时间恐怖的气氛笼罩了上海。梁启超仓皇出逃，《时务报》被迫改刊，王国维失望地离开了报馆。

生活没有着落的王国维，经朋友介绍，进了上海东文学社干杂务。上海东文学社是罗振玉主办的。王国维早就知道罗振玉是个著名的学者，很崇拜他。王国维的工作是打扫卫生，收发信报，很不起眼。每当打扫罗振玉的办公室时，王国维就被那些陈列在柜子里的古董、甲骨文吸引住。时间长了，罗振玉开始喜欢这个手脚麻利、钻研好学的勤杂工人了。罗振玉对他说："年轻人就该好好研究祖宗留下的这些遗产，将来好发扬光大。变法，变什么法，祸国殃民的败家子。"

王国维早就被罗先生的学问征服了，此时他也只能点头称是。罗振玉把王国维收为弟子，将自己生平所学统统传给他。

从此王国维一头钻进故纸堆，终日考证古文字、古诗文，再没有改朝换代的雄心大志了。

1901年秋，罗振玉把自己的得意门生王国维推荐到日本东京去留学。临行时，罗振玉对王国维说："到日本要专心学习数理化，不要受那些异端学说影响。咱们大清帝国不缺主义，只缺技术，你要牢记'中学为体，西学为用'。好好学成技术，归来报效朝廷。"果然，王国维到日本后，学习非常刻苦。他白天学外语，晚上攻数学，成绩直线上升。可好景不长，半年后，他患了严重的脚气，只得回国养病。回国后，在失望、无聊中，他又迷上了西方古典哲学，特别是康德、叔本华的著作。

1903年，为了生计，他先后任南通、苏州等地师范学校教师，教授哲学、心理学、伦理学课程，并由此名声大振。罗振玉见王国维热衷于西学，心中不由焦急。1906年，罗振玉推荐他到清政府学部总务司做了名小官，后又调他到京师图书馆和名词馆等文化学术机构工作。这样王国维又钻入了故纸堆，渐渐丧失了政治热情。

1911年，辛亥革命爆发，举国欢庆封建王朝的覆灭。唯有罗振玉、王国维一伙清朝遗老遗少，如同丧家犬一样，逃到日本京都。在日本，王国维追随罗振玉，集中精力终日研究甲骨文、金文和汉简，对我国古文字研究做出了巨大贡献。

1916 年，应犹太富商哈同之聘，王国维回到上海编辑《学术丛编》杂志，同时继续研究甲骨文，不久写出《殷卜辞中所见先公先王考》及《续考》。这两篇著作被认为是我国甲骨文研究上的一座里程碑。王国维获得了巨大的成功，恩师罗振玉和一批老学者来向他祝贺。庆功会上，罗振玉先是盛赞了王国维的贡献，接着却大骂革命党，把一个统一的中国搅得四分五裂，影响了学术研究、科技发展。王国维等人也跟着咒骂，继而痛哭流涕，向北方跪下，遥拜他们被废的主子宣统皇帝。1922 年，王国维接受北京大学聘任，来到北京。王国维竟不去北大而接受征召，进了故宫，做了一个五品官，为溥仪效忠。王国维整天与溥仪讲古，倒是年轻的皇帝听烦了这些陈词滥调，斥退了他。后来清华大学设立研究院，拟请王国维当院长，却被他借故推辞了。溥仪已经很讨厌这个不识时务的老先生了，就乘机劝他去当院长。王国维见皇上下旨，这才离开故宫，去清华做了教授。

1924 年，冯玉祥的国民军占领了故宫，把溥仪逐出紫禁城。王国维听说后，肝胆俱裂，痛不欲生。他跑去找罗振玉、柯绍忞，三人抱头痛哭，认为这是奇耻大辱。最后，王国维建议，第二天三人一起投入故宫御河，以死抗议国民军的暴行。

王国维回家后坐卧不安，并写下了遗书。他的反常行为引起了家人的警觉，家人们片刻不离地监视他，致使王国维未能自杀。至于罗振玉、柯绍忞，他们早就后悔了，正骑虎难下呢，听说倡导人死不成了，他们也乐得体面地活下去了。

1927年6月，北伐军逼近北京，王国维深感复辟无望，于是死意又起。6月24日，北伐军的隆隆炮声已不绝于耳，北京市民都躲在家中，路上行人稀少。王国维偷偷溜到颐和园，在昆明湖旁，长叹一声，翻身跃入湖水之中。几个巨大的水泡平复之后，一切又归于平静，一代学者就这样葬身湖底了。

王国维死后，家里人清理他的遗物时，发现一封遗书，写道："五十之年，只欠一死，经此世变，义无再辱。"

要点评析

王国维是我国近代罕有的大学者，他的很多研究成果大都具有承前启后的重要意义。他是在文学、美学、史学、哲学、古文字学、考古学等各方面都成就卓著的学术巨子、国学大师。只可惜，他的信仰、思想跟不上社会历史的发展，他把自己永远地留在那个旧时代了。

梁启超称他"不独为中国所有而为全世界之所有之学人"。

延伸思考

王国维去哪所大学当了教授？

孙 中 山

　　孙中山是我国民主革命的伟大先驱，他领导的辛亥革命成功推翻了清朝的统治，结束了中国两千多年的封建帝制，他的功绩在中国革命历史上留下了浓墨重彩的一笔。这样一位伟大的爱国英雄的身上，都发生过哪些故事呢？让我们一起来阅读下面的文章。

　　孙中山，原名文，幼名帝象，字德明，号日新，后改号逸仙，旅居日本时曾化名中山樵，"中山"因而得名。

　　坐落在广东香山县的翠亨村，村庄东西长南北窄，紧邻兰溪河，一条狭长的街道把村庄成两部分。村子中有三大姓——杨、陆、孙。村中有一古庙，在其正南方向有一独立院落。三间砖式旧瓦房，宽4米，长9米，东西走向，大门朝向东方。

院落前面紧邻街道，院后有幽竹环绕，东边有小溪，西边有高高的树林。1866年11月12日孙中山就出生在这里一个普通农民家庭。

查看孙中山的家谱，发现孙中山的远祖从唐代开始就曾经过豫、赣、闽、粤的辗转迁徙，清康熙中叶方才定居于广东香山县，民族大义，世代言传，时时都在影响着孙中山。

父亲孙达成，是一个靠卖苦力为生的农民，母亲杨氏，幼时熟读四书五经，是一个知书达理、温良贤惠的女子。父母一共生了三男四女，孙中山在家中排行第三。可是孙中山出生不到三天，3岁的姐姐孙金星就得病死了，按照当地的说法，孙中山是克星，命大，把自己的姐姐克死了。孙中山出世时，父亲为了养家外出挣钱，并没有守在即将临盆的妻子身边，3个月后他回到家里，面对失女得子的忧喜，他紧紧把儿子抱在怀中，不禁老泪纵横，深情地对儿子说："儿啊，你将来可是一定要超过你的老子呀！"

孙中山10岁时进入私塾读书，12岁时父亲病故，13岁同母亲到海外的檀香山跟随当时在那里当侨民的哥哥孙眉生活，17岁时回国，后来又到广州、香港念书。1884年与本县卢慕贞女士结婚。1886年至1892年先后在广州以及香港的雅丽西医学院学医。毕业后，在澳门、广州行医，他医德高尚，深受当地人们的称赞。与此同时清朝政府的腐败，使他看到要使民众脱离苦海，就必须推翻清朝政府，于是开始致力于救国的政治活动。

1894 年孙中山上书李鸿章遭到拒绝，遂再赴檀香山，创立中国最早的革命团体——兴中会，提出"驱除鞑虏，恢复中国，创立合众政府"的革命主张。1895 年在广州发动起义，结果失败。于是不得不流亡海外，先后到达日本、美国、英国。1896年在英国被清朝政府的大使馆诱捕，受尽折磨，后在西方政府的干涉下获释。在伦敦期间，孙中山系统地学习西方政治、经济理论。1905 年在东京成立中国同盟会，系统地提出其三民主义思想，并与康有为、梁启超等保皇派展开了激烈的论战。

1895 年至 1911 年策划多达十次的反清武装起义，虽屡遭失败但斗志更加高昂。1911 年 10 月 10 日武昌起义爆发，得到各省响应，革命浪潮席卷全国，导致清朝专制统治覆灭，这就是著名的"辛亥革命"。1912 年元旦，孙中山在南京就任"中华民国"临时大总统，创立了中国历史上第一个共和政体。但是革命果实很快被阴谋家袁世凯侵吞。在国内外的严峻政治形式下，孙中山领导的革命党人不得不妥协，他也被迫于 1912 年

4月辞去大总统的职务，转而致力于经济建设的宣传。同年8月，同盟会被改组为国民党。袁世凯窃据大总统职位后阴谋复辟帝制，孙中山于1913年发动"二次革命"，他也被迫再次流落海外，1914年在日本组织成立中华革命党。1915年与宋庆龄结婚。

1917年8月，孙中山再次在广州组织"中华民国"军政府，并任海陆大元帅，领导反段（段祺瑞）护法运动，不久受西南军阀排挤，1918年5月被迫辞职，回到上海。

1921年5月，孙中山在广州就任广州革命军政府的非常大总统，可是很快陈炯明就背叛了革命，他不得不回到上海。1922年，他毅然接受共产国际和中国共产党的帮助，并于1924年改组国民党，提出"联俄、联共、扶助农工"的三大政策，重新解释了"三民主义"，实现了他一生中伟大的转变。

1924年11月，应在北京发动兵变的冯玉祥的电邀，他抱病北上，准备与其共商国是，由于过度劳累，于1925年3月12日在北京病逝。

要点评析

孙中山先生的一生，是光荣而伟大的一生。他始终都在为中华民族的繁荣昌盛而不懈奋斗，真正做到了"鞠躬尽瘁，死而后已"，永远是我们学习的楷模。

延伸思考

用自己的话简单总结一下孙中山的功绩。

苏步青

名师导读

　　苏步青，浙江温州平阳人，中国科学院院士，中国杰出的数学家，被誉为"数学之王"。让我们一起去领略王者风采吧！

　　苏步青从小就喜欢读书，但由于家里很穷，所以不能像有钱人家的孩子一样早早地去上学读书。每当父亲外出种田时，他也要去做些割草、喂猪、放牛的活儿。可是每次做完事回家路过村里的私塾时，苏步青都要在窗外站着看好半天。家里人见他这样想读书，决定省吃俭用，供他上学。

　　苏步青9岁那年，父亲挑上一担米当学费，带着他走了一百公里山路进了平阳县第一小学，当了一年级的插班生。

　　从小山沟来到大县城，苏步青大开眼界。他样样都觉得新鲜，觉得好玩。于是他整天玩耍，把功课全丢在一旁，期末考试，在全班 32 个学生中苏步青得了个倒数第一名。

第二年，离苏步青家十多里路的水头镇办起了一所中心小学，苏步青便转到了水头镇小学。因为家里穷，有的老师便看不起他，甚至有意刁难他。有一次，苏步青写了一篇作文，其中有两句写得特别好，而且整篇作文也很不错。可是，那位语文老师却硬说他是抄来的，后来语文老师弄清楚作文是苏步青自己写的，仍然给他批了一个"差"等。这件事深深地伤害了苏步青的自尊心，于是他就用不听课、尽情玩耍来抗议老师不公平的行为，结果这学年他又得了个倒数第一名。

新学年开始，班里调来一位叫陈玉峰的老师，他发现苏步青很聪明，就是贪玩不用功，就想教育教育他。老师问："苏步青，你家里富裕吗？"

"我家里很穷，老师。"苏步青小声地回答。

"那你知道你吃饭、上学的学费是哪里来的吗？"

"父亲种田得来的。"苏步青的声音更小了。

"是呀，你吃饭、上学的学费都是你父母劳动的心血啊！你在学校不好好念书，对得起你的父母吗？"老师语重心长地对他说。

苏步青听后觉得很惭愧，可他不服气，就对陈老师说："读书有什么用呀，作文做得好还说是抄来的，查清楚是我写的还是批我'差'等，这不是老师存心整我吗？"

"文章的好坏，并不是那个老师一个人说了算的。一个人的命运要靠自己去努力争取。我看你是一个聪明的孩子，又能吃苦，只要用功学习，一定会成为一个有出息的人……"听了陈老师的一番话，苏步青很受感动，他暗暗下决心，一定不辜负老师的期望，做一个有作为的人。

于是，苏步青开始发愤读书。有时，为了看懂一本书，他步行几十里山路，向人家借字典逐个逐个将生僻字弄懂。放假了，他就帮父亲干活，有空时就拿出书本认真复习，这一学年，他一下子成为全班第一名。

靠着这种不怕苦、不怕累的认真劲儿，苏步青一步一个脚印地完成了他的全部学业，而且他的名字总是和"第一名"连在了一起。

1919年苏步青以十分优异的成绩中学毕业了。家庭经济困难极度困扰着企盼继续学习的苏步青。但他的勤奋与天资让珍惜人才的校长洪岷初看在眼里，洪岷初校长毅然资助苏步青东渡日本求学。1927年苏步青于东北帝国大学数学系毕业，随后入该校研究生院，1931 年获理学博士学位。

苏步青学成回国后，任浙江大学教授、系主任。并与陈建功一起举办数学讨论班，对青年教师和高年级学生进行严格的训练，大力培养他们的独立工作能力和科学研究能力，逐渐形成了国内外著名的陈苏学派，代表着他们所在研究领域的数学最高水平。

新中国成立后，苏步青任复旦大学数学系主任、数学研究所所长、教务长、副校长、校长、名誉校长，中国科学院学部委员。几十年辛勤耕耘，他在为国家培养人才的同时，还长期从事微分几何学研究，成为一位举世闻名的科学家、教育家。

2003 年 3 月 17 日 16 时 45 分 13 秒在上海逝世，享年 101 岁。

要点评析

作为我国近代数学的主要奠基人之一，苏步青教授专长微分几何，是国际公认的几何学权威，中国微分几何学派创始人，被誉为"东方国度灿烂的数学明星"与"东方第一几何学家"。

　　苏步青一生潜心科学，著作等身，他还是一位令人敬仰的教育家，多年来始终关心着高等教育的基础——中等教育，在他85岁高龄的时候，还亲自为中学教师上课，帮助数学教师提高教学水平。

是谁资助了苏步青东渡日本求学？

华 罗 庚

名师导读

华罗庚，出生于江苏常州金坛区，祖籍江苏丹阳。数学家，中国科学院院士，美国国家科学院外籍院士，第三世界科学院院士。他是中国解析数论、矩阵几何学、典型群、自守函数论与多元复变函数论等多方面研究的创始人和开拓者。国际上以华氏命名的数学科研成果有"华氏定理""华氏不等式""华—王方法"等。

1901 年 11 月 12 日，江苏省金坛县（今常州市金坛区）小商贩华老强家里喜气洋洋，华老强抱着刚出生的儿子乐呵呵地说："你这个家伙，爸爸昨天晚上还梦着你呢！"说着，把儿子放进箩筐，又把另一个箩筐反扣在上面，自言自语地说："进箩避邪，同庚同岁，给你取个吉利的名字，就叫罗庚吧。"被放在这个破烂箩筐里的孩子，就是后来驰名中外的数学家华罗庚。

华罗庚小时候家里很穷，他爸爸因为不会算账经常上当吃亏，所以生意做得很不景气。因此，他对华罗庚说："儿子，到学堂多学点知识吧，以后帮爸爸算算账。"

华罗庚很懂事，他记住爸爸的话，学习非常认真，在各门功课里他最喜欢的是数学。

有一天，数学老师对同学们说："今天，我给大家出道难题，看谁先解出来。"同学们都睁大眼睛，竖起耳朵。"今有物不知其数，三三数之剩二，五五数之剩三，七七数之剩二。问物几何？"老师摇头晃脑地说出了难题。

"老师，这数是23！"华罗庚马上站起来回答。

老师很惊奇地问："你会神机妙算！"

"不会。"华罗庚老实地回答。

老师又说："我给大家解释一下，我刚才出的这道题，是我国古代数学上的一个问题，外国教科书称之为'中国剩余定理'，也叫'孙子定理'。"

同学们一个个听得入了迷。老师讲完后，又把目光落在华罗庚身上，"华罗庚，你能跟大家讲讲你是怎样算出来的吗？"

"一个数，3除余2，7除也余2，那一定是21加2，21加

2 就等于 23，用 5 除不刚好余 3 吗？"华罗庚说得头头是道。

老师向华罗庚投去了赞许的目光："不错，这个做法很聪明，大家听懂了吗？"

同学们都点点头。

下课了，大家议论纷纷："想不到他还破了难题。"华罗庚沉默不语，因为只有自己才知道，为了学好数学他经常忘记吃饭、睡觉，这是付出了不少努力的结果啊！

因为家庭经济困难，华罗庚中学毕业后又回家当店员了，只能一边工作一边自学。到 18 岁那年，初中时的王老师留学归来，当上了金坛中学校长。王老师十分同情华罗庚，就请他到学校当了一名公务员，他白天在学校干勤杂活，晚上在昏暗灯光下不停地运算，把希望寄托在数学王国中。

1930 年，19 岁的华罗庚以坚强意志和不屈的性格，经过多次投稿，终于在上海《科学》杂志上发表了《苏家驹之代数的五次方程式解法不能成立之理由》一文，惊动了中国数学界。

一天，著名数学家清华大学数学系主任熊庆来教授在办公室随手翻着这本杂志。突然，他的目光停留在华罗庚的这篇文章上，他看到了作者的数学才华，便问周围的人："他是哪国留学的？在哪个大学任教？"

　　当熊教授知道华罗庚只是一个 19 岁的公务员时，很感动地说："这个青年人真不简单呀！一个公务员，写出这么高水平的论文，应该请他到清华大学来。"在熊庆来教授的热情邀请下，华罗庚于 1931 年来到了清华大学。

　　华罗庚在清华工作的 4 年中，在熊庆来教授的指导下刻苦学习，一连发表了十几篇论文。1936 年华罗庚被派到英国剑桥大学留学，并获博士学位。他对数论有很深的研究，得出了著名的华氏定理。

　　抗日战争时期，华罗庚白天在西南联大任教，晚上在昏暗的油灯下进行研究。在这样艰苦的环境中，他写出了 20 多篇论文和厚厚一本《堆垒素数论》。

　　抗战后，华罗庚受聘任美国伊利诺大学教授。1950 年回国，继续进行数学研究，注重理论联系实际，热情推广优选法和统筹法，解决了生产中的大量问题。

　　1985 年 6 月 12 日，在东京一个国际学术会议上，75 岁的华罗庚教授用流利的英语做着精彩的报告。当他讲完最后一句话人们正在热烈鼓掌时，他的身子突然歪倒了，这位世界闻名的数学巨星突然陨落了。华罗庚，一位为科学辛劳工作到最后一刻的伟大科学家！

要点评析

　　他幼时爱动脑筋，因思考问题过于专心常被同伴们戏称为"罗呆子"。初中毕业后，华罗庚曾入上海中华职业学校就读，但因家贫拿不出学费而中途退学。此后，他顽强自学，用5年时间学完了高中和大学低年级的全部数学课程。他的一生扎实地践行了自己说过的话："在寻求真理的长征中，唯有学习，不断地学习，勤奋地学习，有创造性地学习，才能越重山，跨峻岭。"

延伸思考

　　熊教授为什么极力邀请华罗庚去清华任教？

外国篇

中外名人成长故事

马克思

名师导读

卡尔·海因里希·马克思，马克思主义的创始人之一，第一国际的组织者和领导者，全世界无产阶级和劳动人民的伟大导师，无产阶级的精神领袖，当代共产主义运动的先驱。他是德国伟大的思想家、政治学家、哲学家、经济学家、革命理论家和社会学家。主要著作有《资本论》《共产党宣言》。让我们一起去领略一下巨人的风采吧！

1818年5月5日，普鲁士莱茵省特利尔城一个律师的家里，有个婴儿呱呱落地了。谁也没有料想到，他，就是后来成为人类历史上最伟大的革命家、科学共产主义奠基人的卡尔·马克思。

马克思的父亲是犹太人，年轻时家里很穷，全靠他自己的勤奋努力，才成为一个很有名望的律师，并且担任了特利尔城律师公会的主席。马克思的母亲是荷兰人，德语说得不太好，但她心地善良，是位辛勤的家庭主妇。

马克思没有上过小学，他的启蒙老师是自己的父亲。父亲的老朋友威斯特华伦经常来串门，给马克思讲古代希腊、罗马的故事，朗诵莎士比亚的剧本。后来，他的女儿燕妮成为马克思的终身伴侣。

12 岁那年，马克思进特利尔中学读书。他在班上年纪最小，可是学习成绩最好。马克思很爱打抱不平。一次，一个贵族出身的高年级学生硬要刚入学的一个农家子弟替他擦皮鞋，马克思知道后，写了一首讽刺诗贴在教室外的走廊上，把那捉弄人的高年级学生狠狠讽刺了一番。

中学毕业前，每个学生都要做一篇作文。老师在黑板上写了题目："青年在选择职业时的考虑"。大家都觉得这个题目很意外，一时都犯了愁，但马克思挥笔疾书，很快就把作文完成了。他在作文中写道："如果人只是为了自己而劳动，他也许能成为有名的学者、绝顶的聪明人、出色的诗人，但他绝不可能成为真正的完人和伟人。如果我们选择了最能为人类福利而劳动的职业，我们就不会为它的重担所压倒，因为这是为全人类所做的牺牲，那时我们感到的将不是一点点自私而可怜的欢乐。我们的幸福将属于亿万人，我们的事业并不显赫一时，但将永远存在！"

这就是 17 岁的马克思对未来的考虑。

根据国家考试委员会的规定，像马克思这样优秀的中学生，可以免试升入大学。暑假一过，他就进入波恩大学法律系。次年，他又转入柏林大学。

柏林大学是当时德意志首屈一指的大学，师资力量雄厚，教学设备完备，学习气氛浓厚。马克思在这里主修刑法、罗马法和人类学，同时学习历史和其他科学。

1841 年 4 月，21 岁的马克思完成了他探讨自然哲学的博士论文。由于这时柏林大学充满着普鲁士当局派来的文人墨客，马克思把论文送到耶拿大学，结果获得通过，被授予哲学博士学位。

由于普鲁士当局的迫害，马克思在这年 10 月移居法国巴黎。几个月后，他和卢格合办的《德法年鉴》杂志出版了。创刊号中载有他写的两篇文章，一篇是《〈黑格尔法哲学批判〉序言》，另一篇是《论犹太人问题》。在文章中，马克思第一次明确地提出，只有无产阶级才能担当起消灭剥削制度的历史使命，从而表明了他已从革命民主主义转向了共产主义。

马克思在科伦办《莱茵报》的时候，就和恩格斯见过面。1844年8月，恩格斯来到巴黎和马克思第二次会见。那时候，一些人把自己称作是最革命的"超人"，甚至宣称要批判无产阶级，并把自己的观点称为"批判的批判"，马克思正想写一篇文章批判他们。他见恩格斯与自己的观点不谋而合，便邀请他合写，恩格斯欣然同意。

1848年2月，马克思和恩格斯共同为共产主义者同盟起草的新纲领在伦敦正式发表。这就是科学共产主义的纲领性文献《共产党宣言》。这个文献总结了以往无产阶级斗争的经验，论述了无产阶级革命和无产阶级专政，成为世界各国无产阶级运动的指南。

马克思的经济条件一直很差。迁到伦敦后，由于妻子、女儿生病，三个儿子先后死去，他的生活更加艰苦了。他没有钱请医生，有时整整十天只吃面包和土豆，衣服、皮鞋都送进了当铺。尽管如此，他还是坚持经常去大英图书馆阅读资料，研究问题。著名的《政治经济学批判》和《资本论》，就是他在这种困苦的条件下写出来的。尤其是《资本论》，不知耗去了马克思多少精力。但正是这部不朽名著，论述了资本主义社会经济运动的规律，揭示了资本主义社会的内部矛盾，论证了资本主义的必然灭亡和共产主义的必然胜利，从而把共产主义学说置于牢固的科学基础之上。

由于长期的贫穷、疾病和过度的劳累，马克思的健康受到了严重的损害。1878年后，他的身体越来越衰弱。1881年，他的爱妻燕妮不幸逝世，使他悲痛欲绝；13个月后，他的大女儿又突然离世，使他又一次遭到沉痛的打击，以致旧病复发。恩格斯天天来看望他，并把最好的医生请来给他诊治。

在医生的精心治疗和亲人、朋友的细心照料下，马克思的病情似乎有了好转。1883年3月14日那天，他感觉很好，在书桌前的椅子上坐下，并且重新拿起了尚未完成的《资本论》书稿阅读。但是，几分钟后人们发现，这位科学共产主义的奠基人已经永远闭上了眼睛。

三天后，在伦敦郊区的海格特公墓，举行了马克思的葬礼。他的老战友恩格斯在墓前发表了著名的演说：

"这个人的逝世，对欧洲战斗着的无产阶级来说，对历史科学来说，都是不可估量的损失。这位巨人逝世以后所形成的空白，在不久的将来就会使人感觉到。"

在结束演说时，恩格斯高呼道："他的英名和事业将永垂不朽！"

要点评析

马克思最广为人知的哲学理论是他对于人类历史进程中阶级斗争的分析。他认为几千年以来，人类发展史上最大的矛盾与问题就在于不同阶级之间的利益掠夺。依据历史唯物论，马克思曾大胆地假设，资本主义终将被共产主义所取代。马克思一生取得了巨大的成就，而这一切都源于他拥有崇高的理想，拥有坚强的意志和勤奋的努力。

延伸思考

马克思和谁一起起草了《共产党宣言》？

恩 格 斯

名师导读

　　弗里德里希·恩格斯，德国思想家、哲学家、革命家，马克思主义的创始人之一，是卡尔·马克思的挚友，被誉为"第二提琴手"，他为马克思主义的创立提供了大量经济上的支持，在马克思逝世后，帮助马克思完成了其未完成的《资本论》等著作，并且领导国际工人运动。

　　1820 年 11 月 28 日，恩格斯诞生于普鲁士莱茵省的巴门。巴门城里有许多纺纱厂和纺织厂，恩格斯的父亲是一家棉纺厂的老板，虽然到过欧洲不少国家，见识过各种事物，但他思想很保守，笃信上帝，他希望恩格斯将来能继承自己的事业，所以对儿子管教很严。见到恩格斯看"闲书"，他就毫不留情地打骂。

14 岁那年，恩格斯在巴门小学毕业。父亲随即送他到与巴门邻近的爱北裴特去上中学。这是一所理科学校，父亲指望恩格斯能在那里学好数学，成为一个精明能干的人才，将来跟自己一样当老板。

恩格斯学习很用功，成绩总是名列前茅，这让父亲非常高兴。两年后，父亲收到了中学校长的一封来信。信中一方面赞扬恩格斯学习勤奋，一方面说他不信奉上帝，甚至公开发表对上帝大不敬的言论。父亲很生气，最后做出决定，让恩格斯弃学经商。这是 1837 年发生的事，当时恩格斯不过 17 岁。

恩格斯停学回家只有一个星期，就被父亲安排进他的营业所当办事员。一年后，又转到一个朋友的公司里供职。他渴望学习哲学、文学和历史，对做生意毫无兴趣，因此一面刻苦自学，一面考察工人生活状况。

1841 年，恩格斯 21 岁了。按照征兵法的规定，他必须服义务兵役。恩格斯选择了去柏林当兵，并被分配在炮兵队服役。他趁此机会研究军事，很快成为一名炮手；同时又时常抽空到柏林大学听课。

柏林大学有位哲学教授，名叫谢林，在讲课中一再鼓吹上帝创造一切，并且认为这就是科学。恩格斯针对谢林的谬论，写了几篇文章，对他反动的神秘主义观点进行了批判。后来为了听课和学习的方便，他向营里申请搬出兵营，在外面租了一个房间。当然，各种训练他还得参加。

服兵役的一年时间很快就过去了。1842 年秋，恩格斯在父亲的安排下，前往英国纺织工业中心曼彻斯特一家工厂去任职。途经科伦时，他前去拜访正在主编《莱茵报》的马克思。在这以前，两人曾经多次通信，这次一见如故，从而使他们日后创立马克思主义有了一个良好的开端。

在曼彻斯特住了近两年，恩格斯决定回到祖国去。他渴望和马克思再次会面，决定舍近就远，经法国绕回德国。因为这时马克思已不在科伦而迁到巴黎了。

这两年来，他们没有中断过书信往来，但要谈的事和问题还是那么多。见面后不久，两人就合作写成了《神圣家族，或对批判的批判所做的批判》。后来，恩格斯又和马克思合写了《德意志意识形态》《共产党宣言》等重要文献，一起加入了共产主义者同盟，共同重建了它的地方组织和中央委员会，并且一起积极地参加了国际工人协会的领导工作，从而为马克思主义的创立和确立马克思主义在国际工人运动中的统治地位，做出了不可磨灭的贡献。

1850 年秋，恩格斯重返曼彻斯特从事商业活动。做生意是他最讨厌的，但这次却是他主动前去的，而且时间长达 20 年。此中原因，主要是为了在经济上帮助处于贫穷状态中的马克思，好让他没有后顾之忧地从事马克思主义的著作。

在这 20 年间，恩格斯几乎每月给马克思寄钱，并且几乎天天同他通信，商讨各种政治问题，以及哲学、自然科学和社会科学中的各种理论问题；同时参加革命实践活动，从事马克思主义的理论著作。他著名的《德国农民战争》一书，就是在他重返曼彻斯特后不久完成的。1870 年 9 月，恩格斯终于结束了曼彻斯特的商业活动，移居伦敦。他就住在离马克思家不远的一个寓所。从此，两位战友常在一起研究各种问题，指导各国的革命斗争。为了宣传和捍卫马克思主义，他又写成了著名的《反杜林论》。

1883 年 3 月马克思逝世后，恩格斯陷入深深的悲痛之中。他的朋友们看到他的健康受到严重影响，都劝他出门旅行散散心。可是恩格斯决定，什么地方都不去。他要留在伦敦，整理出版马克思《资本论》的后几卷，并且认为，这是自己义不容辞的责任，也是对老战友最好的纪念。

恩格斯知道，要整理这部遗稿，显然要花费很大的精力。

但他并不考虑这些。他放下自己正在写作的《自然辩证法》，全力投入了这项工作。经过一年多时间的努力，《资本论》第二卷手稿的整理工作终于完成了。1885年7月，这部著作正式出版。由于工作难度大，加上恩格斯同时要担负其他许多工作，第三卷一直到1894年，才正式出版。

为了整理出版马克思的宝贵遗著，恩格斯前后花了12年时间。这是他晚年给予国际工人运动最巨大的理论援助。

《资本论》第三卷出版的那年，恩格斯已经74岁了。他在理论研究方面，还计划做很多工作。其中的一项，就是整理出版《资本论》第四卷（即《剩余价值论》）。可是1895年春天，他患了致命的食道癌，再也无力完成这项工作了。同年8月5日，这位为创立马克思主义而战斗了一生的无产阶级革命导师，与世长辞了。

要点评析

关于马克思与恩格斯之间的情谊，列宁曾说："如果不是恩格斯牺牲自己而不断给予资助，马克思不但不能写成《资本论》而且势必会死于贫困。"

因此，恩格斯和马克思的崇高友谊，为人类树立了光辉的典范，这两位伟人的伟大友谊告诉世人：建立在共同信仰和追求基础之上的友谊，是万古长青、牢不可破的。

延伸思考

1.为了整理出版马克思的宝贵遗著，恩格斯用去多长时间？

2.恩格斯为马克思提供了哪些帮助？

罗　素

名师导读

　　提起现代西方思想界影响最大的人物，罗素算得上是其中的一个了。他博学多才，既是哲学家、逻辑学家又是数学家、社会学家。他活了 98 岁，著作之多在同时代学者中是绝无仅有的，真称得上是 20 世纪的大思想家。并且于 1950 年获得了诺贝尔文学奖。

　　1872 年，罗素出生于英国威尔士特雷莱克的一个贵族家庭。他的祖父在维多利亚女王时代曾两度出任首相。父亲是位子爵，母亲出身于贵族世家，是爵士的女儿。罗素两岁时，母亲和姐姐都因患白喉症去世，父亲因悲伤过度，一年多后也离开了人世。从此，罗素就和他的一个哥哥同祖父母住在一起。

　　童年时代的罗素非常孤独，他没有像哥哥那样被送进学校读书，而是从家庭教师那里接受教育。直到 11 岁那年哥哥引导他学习欧几里得几何学后，他才从中找到乐趣，不再感到孤独。他从来没有想到，世界上还有这样美妙的东西——数学，这也成了他一生最大的兴趣和重要的快乐源泉。

18 岁那年，罗素考进了著名的剑桥大学三一学院。起初他主修数学，后来对哲学也产生了兴趣。经过三年学习，他于 1893 年通过了数学荣誉学位考试，接着攻读哲学，一年后又获得了伦理学荣誉学位考试的第一名。1895 年，他以一篇《论几何学基础》的论文，获得了三一学院研究员的职位。

罗素在学术方面探究广泛。获得研究员职位后，他又去柏林研究政治学和经济学，接触了马克思主义，读完了马克思三大卷的《资本论》，仅仅一年时间，他就写出了一本名为《德国的社会民主》的书。在这本书里，罗素对《共产党宣言》作了这样的评述："《共产党宣言》的文笔几乎是无与伦比的。在我看来，精辟的修辞、鞭辟入里的妙语以及历史的洞见，使它成为一部迄今为止最好的政治文献。在这部辉煌的著作中，我们已经看到了唯物史观的史诗般的力量。"

1910 年至 1913 年，罗素和怀特海完成了三卷本的巨著《数学原理》。在这部著作中，他们进一步阐明了数学是逻辑学的一个分支，数学概念可以用逻辑概念来下定义，数学规律可以根据逻辑学的一些前提来加以推论，数学定理可以被证明为逻辑定理，又从这种逻辑思想出发，构成了一个庞大的符号公式体系。这部著作对哲学来说，具有划时代的意义。它用新的观点来考察数学知识的地位，推动了数理逻辑学的发展，也是古希腊亚里士多德以来最重要的逻辑著作。

1914年夏，第一次世界大战爆发。罗素从和平主义的立场出发，反对这场战争，也反对英国参战。他撰写反战文章，发表反战演说，同时积极参加反战组织不应征联谊会的活动。

1926年，他的《论教育：特别是幼儿教育》一书出版。第二年，他又创办了一所实践他幼儿教育思想的学校——烽火山学校。

罗素的教育学说是：教育的目的是使每个人快乐和幸福。为了达到这个目的，必须培养受教育者理想的品格。那么，理想的品格又是什么呢？他认为它有四个特征：活力、勇气、敏感和智力。因此，他在烽火山学校里鼓励学生自由思想，大胆行动。由于罗素过分注意理想和目的，而缺少实现理想的手段，因此，这所学校办得并不很成功。

1931年，罗素的哥哥去世，按规定由他继承家族世袭的爵位，他成为了一位显贵的伯爵。此后，他转而研究历史。经过三年努力，罗素完成了《1814—1914年的自由与组织》一书。在这部历史著作中，他把1814年至1914年这100年中欧美政治变化的原因归纳为四点：一是经济技术，二是政治理想，三是具有卓越能力的人，四是偶然事件。

1944年10月，罗素接受剑桥大学三一学院的邀请，回到那里担任研究员，同时讲授一些课程。五年后，他成为三一学院的终身研究员。罗素一直主张，人们应该坚定地面对世界上好的和坏的事实，美好的和丑恶的东西，借助于科学和理智去征服世界。所以他曾说过这样一句话："需要无所畏惧地面对世界；需要自由的理智；需要对未来充满希望，而不需要只看已经死亡的过去。"

1949年，英国官方授予他荣誉勋章。英国皇家学会也在这年聘请他为荣誉研究员。次年，他获得了诺贝尔文学奖。20世纪50年代起，罗素成为一位著名的社会活动家，为反对侵略战争、保卫世界和平做了许多有益的工作。罗素的许多活动，使英国官方感到不满。1961年8月，他在伦敦主持了群众反对核武器的静坐示威，被当局以煽动非暴力反抗运动的罪名逮捕。法庭判处他监禁两个月，因他年近九旬，身体也不好，结果改判在监狱医院扣留七天。

90 岁以后，罗素运用自己各方面广泛的影响，继续开展社会活动。1964 年，他建立了罗素和平基金会。1967 年，他又组织了一个非官方的战争罪恶特别法庭。这个法庭甚至想传讯当时美国的总统约翰逊，以清算以他为首的美国政府在越南的暴行。同年，他还写成了《在越南的战争罪行》一书。

1970 年 2 月，这位 20 世纪的大思想家在威尔士自己家里安然去世。

要点评析

"需要无所畏惧地面对世界；需要自由的理智；需要对未来充满希望，而不需要只看已经死亡的过去。"罗素是一位著名的学者，一位伟大的政治活动家。他的一生，都在为人类的学术和世界和平而努力奋斗着。

延伸思考

通过阅读上面的文章，你认为罗素是一个怎样的人？

瓦 尔 兰

名师导读

路易斯·欧仁·瓦尔兰，法国早期工人运动活动家，1871年巴黎公社领导人之一。1865年参加第一国际并成为巴黎支部联合会主席，为蒲鲁东主义者，后来成为马克思主义者。

1839年，瓦尔兰出生于后来人们为他建立纪念碑的一个小山庄里。父亲是个穷苦的农民，家中只有一间简陋的木房和一小块土地，连耕马也没有。瓦尔兰从小跟随父亲给人家当雇工，掘地、整理葡萄园、割草、剪羊毛等各种活都干过。他很小就想读书，父亲省吃俭用，让他上了两年学。但由于生活无着落，连黑面包也吃不上，父亲只得在瓦尔兰13岁那年把他送到巴黎，在一家装订作坊里当学徒。

巴黎有几十家装订作坊，所有作坊业主都一样残酷地虐待学徒工。做工时讲话要罚款，擅自翻看装订的书籍，轻则挨骂，重则殴打。瓦尔兰对挨打受骂非常气愤。但他最为气愤的，就是不能读书。每天要装订大堆大堆的书，却没有读一下这些书的权利！

一天，瓦尔兰装订了一册很厚的翻译书。他悄悄打开一看，书中有一张欧洲各国工人阶级生活状况的统计表，下面还有一大段关于工人生活水平日益下降的文字说明。瓦尔兰见业主不在，就暗地里一字一句读了起来。这本书简直像块巨大的磁石吸引着他，使他再也不愿放下了。"唔，原来不仅是巴黎工人遭受着饥饿和痛苦，世界上还有很多国家的工人和巴黎工人一样，也过着极其贫困的生活！工人们为什么这样痛苦呢？"瓦尔兰陷入了沉思。

正在这时，业主闯了进来，一见瓦尔兰停下了活在看书，便从背后狠命打了一拳，接着又是几个耳光，嘴里还骂道："做工不准看书，这是合同上规定的，你竟敢明知故犯，蓄意破坏规定！你，你给我滚出去！"

瓦尔兰愤慨地瞪了业主一眼，将装订工具向地上一扔，走出了作坊大门。他坐在路灯下，看着来往的人群，百感交集：

为什么资产阶级子弟可以坐着华丽的马车上学，而工人阶级的子弟整日劳动，不仅得不到温饱，连翻一翻书的权利都没有？这是多么不公平的社会啊！

第二天，瓦尔兰忍着饥饿，跑遍大半个巴黎，终于又在一家作坊找到了工作。不过仍旧不能读书。但是他为了寻找真理，决心克服一切困难，争取学习的机会。21岁那年，他终于进了一所收费较低的平民夜校。

为了抓紧时间读书，瓦尔兰决定将订货拿到家里来做。他省吃俭用，凑了一些钱，买了一张床和一把椅子，搬到一间租金较低廉的阁楼上。他过着极其简朴的生活，整天不知疲倦地劳动。每当夜深人静，他做完了一天的定额后，便在一盏小油灯下开始学习。他的座位四周，堆放着丝线、牛皮等各种装订工具和装订好的书籍，疲倦了就伏在工作台上闭一闭眼，或用冷水洗一洗脸，坚持学习下去。

逢到星期日，瓦尔兰一整天都在巴黎博物馆或图书馆度过。有一次，他冒着大雨跑到图书馆，还没开门，就站在屋檐下看书；进馆以后，迅速借到了一本法国工人运动的历史资料，一边阅读，一边做着笔记。他将巴黎工人30年来的斗争历史一次又一次进行了比较和分析。为什么会失败？怎样才能取得胜利？他反复地、不断地进行着思考，眼前仿佛出现了一幅幅工人运动风起云涌的历史画卷。读着读着，他忘记了疲劳和饥饿。当他写好读书笔记时，抬头一看，已是下午三点，这时他才想到自己一天还没吃饭。为了节约时间，他就饿着坚持到闭馆才回家。

面临极端贫困的生活现状，年轻、热情、精力充沛的瓦尔兰一边做着繁重的体力劳动，一边以坚韧不拔的毅力顽强学习。他渴望知道一切，了解一切，因此不仅研究历史、文学、政治经济学和法学，还学习数学、力学和生理学。为了进一步研究各国工人运动的历史和阅读古代作家原作，他每周用两个晚上的时间到市政厅的一位职员家去学习拉丁文和希腊文。

在法国工人风起云涌的反抗运动中，巴黎国际工人协会成立了。瓦尔兰成了第一批会员中的一员。由于他在工人中享有崇高的威望，被选为巴黎局领导成员。

1866年，瓦尔兰出席了第一国际日内瓦代表大会，并听取了马克思的发言，他开始懂得，搞经济改良是不能使工人真正摆脱贫困生活的，只有用革命的方法推翻资产阶级政府，工人阶级才能得到真正的解放。瓦尔兰从日内瓦回来以后，以更高的政治热情投入了工人运动，引导巴黎工人协会走向正确的道路。

1871 年 5 月，瓦尔兰在带领公社委员保卫人民公社与敌人进行最后的战斗中被抓。他的双手被捆在背后，在一群指指划划、吵吵嚷嚷的资产者中间走着。他们威胁他，咒骂他，在他的后面还有凡尔赛的巡逻兵押送。

敌人松开了绳索，瓦尔兰举起已经发麻的双手，沉着地理了理被狂风吹乱的头发，整了整血迹斑斑的军服和红色绶带，靠着一座砖墙巍然屹立着。敌人的枪声响了，但他还是英勇地站起来，举起铁拳，高呼。

又是一排枪声。这位英勇不屈的战士、工人阶级的优秀儿子，终于壮烈牺牲了。

要点评析

瓦尔兰酷爱读书，渴望知识的他把全部业余时间都消磨在巴黎的图书馆里。他性格坚强，为人正直，生活俭朴。为了保卫巴黎公社，瓦尔兰献出了自己年轻的生命。这位英雄只活了 32 岁，但他用自己的鲜血，为法国工人阶级英勇斗争的史册增添了夺目的光彩。

延伸思考

在生活富足的今天我们要学习瓦尔兰的哪些精神？

蔡 特 金

名师导读

克拉拉·蔡特金，原名克拉拉·艾斯纳，德国社会民主党和第二国际左派领袖之一，国际社会主义妇女运动领袖之一，德国共产党创始人之一，无产阶级妇女解放的灵魂人物。让我们一起来领略蔡特金富有传奇色彩的一生吧。

蔡特金全名克拉拉·蔡特金，1857 年诞生于德意志克森州埃尔茨山下的维德劳村。她的父亲是本村唯一的乡村教师，拉得一手好提琴，母亲出身于一个思想开明的市民家庭，受过高等教育。他们很重视对蔡特金的教育，希望她将来成为一名教师。

和村里其他小女孩不一样，蔡特金才 5 岁的时候，就显得非常勇敢和顽强。爱在广阔的草原上和黑黝黝的森林中游逛，爬高高的树，跳宽宽的沟，还敢和比她强壮得多的男孩子打架。在同年龄孩子们的各种游戏和争辩中，她经常是个中心人物。

一天早上，蔡特金带着弟弟，和七八个小伙伴在一条大道的弯口处捉迷藏。突然，一辆马车风驰电掣地向他们冲来，后面还跟着一些骑马的人和猎犬。这显然是哪个贵族地主家出来打猎的。

这突然冲来的马车，把孩子们吓得四散乱跑。蔡特金的弟弟和另一个小伙伴，更是吓得不知如何是好，竟坐在地上嗷嗷直哭。

已经跑到大道边上的蔡特金，却表现出了惊人的冷静，她飞快地冲上大道，一手拖起弟弟，一手拉起另一个小伙伴，迅速地退向一边，避开了冲来的马车。

村里人都夸奖蔡特金，说她是个小英雄。但是，蔡特金却噘起小嘴巴不吭声。好一会儿她才说了一句话："马车上的人为什么不让咱们好好地玩捉迷藏！"

幼年的蔡特金就显露出她坚强果断的性格。随着年龄的增长，她这种性格得到了充分的发展，终于使她成长为国际妇女运动之母。

1871年底，蔡特金快满15岁了。父亲为了让孩子们受到更好的教育，带着全家迁居到莱比锡。当时，德意志已经统一，资本主义在德国获得迅速发展。莱比锡是德国中部的经济、文化中心，工商业和科学、艺术、教育等都很发达。但是，这里贫富悬殊，既能看到服饰华丽的贵人，又能见到许多到城市里来寻找工作的衣衫褴褛的农民。

1874 年，蔡特金进入当地的女子师范学校。她学习刻苦，各门功课成绩优秀，尤其是英语、法语、意大利语和写作方面，更显示出突出的才能。

由于广泛地接触了资本主义城市生活，蔡特金思考的问题更多也更复杂了。

女校长是蔡特金母亲的朋友，对她非常钟爱，时常跟她谈论有关男女平等方面的道理。有一次，蔡特金把自己看到的社会上的种种不平等的现象说了出来，并感慨地说："这世道太不公平了：种小麦的吃不到面包，纺织工人穿不起好看的衣服，而不干活的人却什么都有！"

女校长听了点点头，说："是呀，这种现象到处存在。我们的责任是依靠基督博爱的力量，引导人们互爱，来逐渐消灭这种贫富不均的现象。"

"基督能使有钱人爱农民和纺织工人吗？"蔡特金怀疑地反

问道。

"那您说怎么样才能行呢?"女校长也反问道。

"我认为要通过革命,来改造这个不平等的社会!"

女校长紧张地说:"蔡特金,您怎么说出这种话来!我得忠告您:除了上帝之外,现在谁也不能改变这个社会制度!"

女校长的话当然不能说服蔡特金。这个刚强的姑娘决定,按照自己的信念,寻求一条消灭贫富不均的道路。她不顾母亲的反对和校长的警告,经常参加德国社会民主党的公开集会和有组织的革命活动。1878 年,她成为德国社会民主党的一员。同年,她以优异成绩通过了国家女教师的资格考试。

1885 年春,法国社会党决定在五月初组织一次大规模的工人集会游行,以悼念巴黎公社的死难烈士。那天,蔡特金参加了这次集会游行。但是,当队伍在大街上行进的时候,巴黎当局出动了大批警察进行镇压。走在前面的蔡特金,脚被警察的马刀砍伤,当场倒在地上,幸亏获得一个工人的救护,她才回到了家里。

事后,蔡特金说:"我永远忘不了这一马刀。正是这一马刀,劈下了资产阶级民主和自由的伪装,使我懂得了工人的解放不能靠富人的怜悯,不能靠改良,而只能靠革命才能获得!"

经过蔡特金的积极努力，第二国际成立大会于 1889 年 7 月在巴黎隆重开幕。在这次大会上，蔡特金做了题为《为了妇女解放》的报告，她在报告中说道：

"妇女运动是严重的社会问题之一，是工人运动的一个重要的组成部分。女工和男工既然做同样的工作，就应该同工同酬，使资本家不能利用男女差别来加重对工人阶级的剥削；同工同酬不仅保护了女工，而且保护了整个工人阶级的利益。那些在旗帜上写着解放全人类的人，不应当使人类的半数由于经济上的依赖而沦为政治和社会的奴隶！"

1910 年，第二届国际社会主义妇女代表大会在丹麦的哥本哈根举行。在这次大会上，蔡特金提议每年 3 月 8 日为国际劳动妇女节。代表们一致同意她的提议，并通过了相应的决议。从此，3 月 8 日成了国际劳动妇女团结战斗的节日，蔡特金也被誉为"国际妇女运动之母"。

1933 年 3 月 8 日，蔡特金在莫斯科出席了庆祝"三八"国际劳动妇女节大会。人们向这位 76 岁高龄的国际妇女运动之母欢呼。苏联政府给她颁发了列宁勋章，以表彰她为国际妇女运动做出的杰出贡献。但就在这年 6 月，她因病与世长辞了！

苏联人民为这位国际妇女运动之母举行了隆重的葬礼。在雄伟庄严的《国际歌》的乐曲声中，苏联共产党和国家领导人斯大林、伏罗希洛夫等亲自为她送葬。

要点评析

　　蔡特金自幼喜欢读书，尤其是爱读父亲珍藏的两本叙述瑞士和法国革命的书。在童年时代，她已经懂得"一个人必须准备为自己的信仰牺牲生命"，她就是这样为了无产阶级事业和全世界妇女的解放而奋斗了自己的一生。

延伸思考

蔡特金认为用什么手段才能改造这个不平等的社会？

列　宁

名师导读

　　列宁，著名的马克思主义者，无产阶级革命家、政治家、理论家、思想家。是俄罗斯苏维埃联邦社会主义共和国和苏维埃社会主义共和国联盟的主要缔造者、布尔什维克党的创始人、十月革命的主要领导人、苏联人民委员会主席。

　　列宁原姓乌里杨诺夫，1870 年 4 月 22 日诞生于俄国伏尔加河畔的辛比尔斯克（今乌里杨诺夫斯克）。他的父亲是国民教育视察员，母亲是一位内科医生的女儿。列宁 5 岁时由母亲教他读书识字，9 岁就上中学。他生性聪颖，性格活泼，爱好思考各种问题，是个优等生。

　　1887 年，列宁的哥哥因参加刺杀沙皇的行动而被捕，同年在萨沙被处死刑后，列宁随同全家迁往喀山，进入喀山大学法律系学习。虽然这时的列宁年纪很小，但因读过一些马克思主义的书，对当前的政治问题能做出透彻的分析。他经常向同学们介绍马克思主义学说，鼓动大家同沙皇政府做斗争，所以许多具有革命思想的学生都乐意接近他。

一天，大家听列宁讲了沙皇杀害学生的新暴行后，都非常愤慨，决定不上课，立即举行一次集会。当天深夜，一营武装士兵来到学校对学生进行镇压。列宁和这次集会的组织者都被逮捕起来，送进监狱。

押送列宁的警官问列宁道："年轻人，你造什么反？要知道，你面前是一堵墙！"

列宁立即回答道："是的，但这是一堵朽墙，只要一推就倒了！"

不久，列宁被从监狱中放出，流放到喀山附近的一个乡村。一年后，列宁回到喀山，秘密参加了一个马克思主义小组，并研读了马克思的《资本论》第一卷，开始成为一个马克思主义者。列宁的母亲为他重返喀山大学而多方奔走。喀山警察局长不仅坚决不同意，还威胁他母亲说："你的长子已被处死，而绞索又已悬在次子的头上！"母亲却坚定地说："我却为自己的儿子感到非常自豪！"

1889 年，列宁全家迁移到萨马拉（今古比雪夫）。列宁仅用一年时间，就自学完了大学里四年的课程。1891 年，他以校外学生的资格，参加了彼得堡大学法律系的毕业考试。结果，在考生中只有他一人门门功课获得最高分，从而取得了优等的毕业文凭。

1893 年秋，列宁来到首都彼得堡，把主要精力投入了建立马克思主义政党方面。经过两年努力，他把 20 多个马克思主义工人小组联合起来，创立了"工人阶级解放斗争协会"，从而第一次在俄国实现了社会主义和工人运动的结合。

彼得堡警察当局对列宁的活动非常注意，密探们经常盯梢。这年 12 月，列宁和他的许多同志被逮捕。

列宁是一个有着坚强毅力的革命家。他被关进监狱后，立即开始了新的斗争。他在书上写信，和同志们进行联系；还利用家里人每星期可来探望一次的机会，叫他们从市内图书馆借来许多书。就在一间仅两米宽、三米长的单人牢房里，他潜心研读书籍，从事写作。后来发表的著名的《俄国资本主义的发展》这本书的其中大部分章节就是在牢房里写成的。

1897 年 5 月，列宁被流放到西伯利亚东部的舒申斯克村，受警察监视。

在三年的流放生活中，列宁一直考虑着建党的计划。他觉得，要建立一个马克思主义的政党，必须积极开展建党的思想和组织准备工作，这就要先办一份全国性的地下报纸。所以流放期满后，他赶快四处奔波，筹划出版报纸的工作。经过多方努力，这份报纸于 1900 年 12 月在德国莱比锡出版了。它就是著名的《火星报》。第一期刊登了列宁撰写的一篇社论，题目是《我们运动的迫切任务》。这个"迫切任务"，就是建立一个革命政党。不久，《火星报》通过各种渠道运回俄国，秘密送到工人手里。从此，"列宁"这个伟大的名字传遍了整个俄国，乃至全世界。

1903 年 7 月底，俄国社会民主工党第二次代表大会在比利时王国的首都布鲁塞尔召开。在列宁的坚持下，大会通过决议，把实现无产阶级专政明确地写进了党的纲领，并形成了布尔什维克党，这标志着列宁主义的诞生。

1907 年冬，列宁因沙皇警察追捕，流亡国外，这次流亡的时间长达 14 年之久，他先后侨居德、法、波兰、瑞士等国。在这漫长的岁月里，列宁加紧进行理论研究，并通过各种秘密途径，和国内的革命者保持密切联系，继续领导着俄国革命。其间，他在 1916 年写成了划时代的著作《帝国主义是资本主义的最高阶段》。

　　直到 1917 年 3 月（俄历 2 月）俄国二月革命胜利，沙皇专制制度被推翻之后，列宁才从瑞士返回彼得格勒。在到达彼得格勒后，他起草了著名的《四月提纲》，明确地提出了从资产阶级革命过渡到社会主义革命的方针。

　　这年 7 月，资产阶级临时政府制造了流血事件，大肆逮捕布尔什维克党的重要干部，并下令通缉列宁。布尔什维克党转入了地下状态。俄国的政治、军事形势在此期间发生了巨大的变化，革命浪潮席卷全国，武装起义的时机成熟了。10 月 20 日，列宁秘密回到彼得格勒领导起义。第二天，他就制定了武装起义的计划。

　　11 月 6 日晚上，彼得格勒武装起义开始了。列宁来到布尔什维克党领导的革命军事委员会所在地——斯莫尔尼宫，亲自领导起义。11 月 7 日（俄历 10 月 25 日），伟大的十月社会主义革命取得胜利。第二天，列宁在全俄第二次苏维埃代表大会上，宣布了由他起草的《和平法令》和《土地法令》，并当选为第一届苏维埃政府即人民委员会主席。

　　列宁领导全国军民，经过两年多的英勇战斗，粉碎了外国帝国主义的联合进犯和国内地主资产阶级的反革命叛乱。1919 年 3 月，列宁又主持召开了共产国际（即“第三国际”）成立大会，以后还直接领导了共产国际头几次代表大会。

由于长期极度紧张的工作，从 1921 年冬起，列宁就因病不得不几次停下工作。1922 年底，他右半身全部瘫痪，但还是口授了好几篇重要的论文。

1924 年 1 月 21 日，列宁终于因脑溢血引起呼吸器官的麻痹而去世。

要点评析

　　列宁是布尔什维克党的创立者，又是马克思、恩格斯学说和事业的继承者。他把自己的一生献给了全世界的无产阶级解放事业，并把马克思主义提高到一个新的阶段，即列宁主义阶段。因此，他是全世界无产阶级敬仰的革命导师。

延伸思考

　　"是的，但这是一堵朽墙，只要一推就倒了！"说说"朽墙"的寓意。

卢 森 堡

名师导读

　　卢森堡，女，德国社会民主党和第二国际左派领袖，德国共产党创始人之一。1918年卢森堡获释出狱，即投身德国十一月革命，同李卜克内西出版《红旗报》。最后和李卜克内西一起被右派社会民主党临时政府杀害。

　　1871年，卢森堡出生于波兰布林省萨希城一个犹太商人家庭，她幼年时，波兰遭受俄国、普鲁士、奥地利三国瓜分已有七八十年。当时，沙皇政府禁止波兰学校讲授波兰国语，甚至禁止学生用波兰语交谈。少年时代的卢森堡对沙皇政府的民族压迫政策深恶痛绝，与爱国同学们一起组织抗议运动。中学毕业时，她成绩优异，但因为对抗过政府当局，因而被剥夺了应获得的金质奖章。

不久，卢森堡加入了波兰无产阶级社会主义革命党，并开始接触马克思、恩格斯的著作。但是，这个组织很快便遭到当局的破坏，卢森堡也被列入警察宪兵追捕的黑名单。

被捕的危险时时威胁着这位年轻的姑娘。在同志们的帮助下，卢森堡藏在一辆马车的谷草堆里，逃过边防哨兵的检查，偷偷地越出了国境。当时她才18岁，就开始了政治流亡生涯。

卢森堡先流亡到了瑞士。1890年，她进苏黎世大学攻读自然科学；不久，又研究社会科学，从事马克思主义理论特别是政治经济学的研究。她在语言上很有才能，很快就精通俄、德、英、法和意大利五种外国语，还掌握了古典拉丁语。

在七年的大学生活中，卢森堡一直关注着祖国的命运，密切注视和研究波兰、德国、俄国等国家的各种政治问题。她经常出现在国际社会主义者的各种会议上，以她流利的外国语，为各国代表当翻译和担任联络工作。三年级那年，她又和战友们一起，创建了波兰社会民主党，作为这个党的领导人之一的她当时才年仅22岁。1897年，卢森堡大学毕业，获得法学博士学位。不久她迁居柏林，并加入了德国社会民主党。

卢森堡以满腔的热情投入到无产阶级解放事业中。她经常深入工人群众中，参加他们举行的集会，并且发表激动人心的演说。1904 年 6 月，德国当局以所谓"亵渎德皇"的罪名，将她逮捕起来，处以三个月的监禁。

1905 年 12 月，俄国莫斯科的工人举行了武装起义。卢森堡决定立即赶回华沙，领导波兰的革命运动。这时，去华沙的民用交通已经中断。卢森堡向一位女同志借了一张护照，搭上一列拥挤的兵车，在一个大雪纷飞的冬夜，回到了阔别十多年的华沙。

几天后，波兰各大城市爆发了总罢工和示威游行。沙皇政府在镇压了莫斯科起义后，立即调来大批军警和骑兵，用枪弹和马刀残酷镇压波兰的革命运动。在华沙街头，工人们筑起街垒，顽强地抵抗俄国侵略军。在生死搏斗的日日夜夜里，卢森堡不畏艰险，和战友们一起，出现在斗争的最前线。工人群众非常尊敬和爱戴这位勇敢的女革命家，赞颂她为"革命之鹰"。

由于敌人过于强大，革命逐渐转入低潮。紧接着，白色恐怖笼罩华沙。1906 年 3 月，卢森堡被沙皇军警逮捕入狱。开始，卢森堡被关押在警察监狱内，一个多月后，她作为重要的政治犯，被转移到华沙要塞。这是一个以警戒森严、阴冷潮湿闻名的监狱。卢森堡的身体被折磨得非常虚弱，但她仍然以坚强的毅力撰写文章，在波兰党的地下刊物上发表。经过同志们的积极营救，卢森堡在这年6月以就医的名义暂时出狱。一个多月后，她在俄国布尔什维克的帮助下，摆脱了密探的监视回到柏林。

那时候，各帝国主义国家都在疯狂地扩军备战，准备发动战争，重新瓜分世界。在右派控制下的德国社会民主党，竟为资产阶级政府的战争政策辩解。这该怎么办呢？卢森堡决定亲自向群众宣传反对帝国主义战争。有一次，她在工人集会上慷慨激昂地说："如果有人要求我们举起屠杀的武器，去反对我们的法国或其他外国的兄弟，那我们将宣布：'不行，我们决不会干！'"

德国当局以进行"反战鼓动"为名，于1914年初把卢森堡逮捕起来。2月，法院开庭审理她的案件。

"你蛊惑人心，煽动工人们反对自己政府，知罪不知罪？"法官问道。

"你们推行军国主义，准备发动掠夺战争，欺骗工人群众充当炮灰，是你们犯了罪！"卢森堡驳斥道。

"如果你继续对抗政府，法庭将对你处以重刑！"

"我们革命党人忠于自己的事业，蔑视你们的刑罚！"

最后，法官判处卢森堡一年徒刑。但迫于人们的抗议，没敢把她立即拘禁起来。

不到半年，第一次世界大战爆发。卢森堡不顾德国政府当局禁止政治活动的戒严令，继续开展反战活动，并且提出了一个鲜明的口号："不要国内和平，要进行国内战争！"即号召人们推翻反动政府。

1915 年 2 月，当局又以"严重叛国罪"将她逮捕。一年后出狱，但只隔了四个月，又因参加反政府示威游行而被捕入狱。直到 1918 年 11 月德国爆发革命，她才被起义者从监狱中解救出来。

卢森堡出狱后，立即以巨大的热情投入了新的战斗。她马上参与创办《红旗报》，并在这个报纸上发表文章，提出了明确的战斗口号："废除资本统治，实现社会主义制度！""全部权力要掌握在劳动群众手中！"她意识到，要取得革命的胜利，必须建立一个马克思主义的政党，因此在这年年底，与李卜克内西等创建了德国共产党，并成为党的领袖。

敌人知道要镇压革命，首先要打击革命的领袖，因此千方百计寻找卢森堡和李卜克内西的下落。卢森堡不得不经常转移住所。但由于叛徒的告密，这位被工人群众誉为"革命之鹰"的女革命家，最终不幸遇难。四个多月后，人们才找到她的遗体。

列宁把卢森堡比作一只搏击长空的鹰，"鹰有时飞得比鸡低，但鸡却永远不能飞得像鹰那么高。"在反对资本主义、修正主义和帝国主义世界大战的暴风骤雨中，卢森堡始终英勇斗争，不畏强暴，展现了高度的革命乐观主义精神，如其所言："要有耐心和勇气，我们还要活下去，我们还要经历惊天动地的事呢……"

延伸思考

卢森堡创建德国共产党时提出的口号是什么？

斯 大 林

名师导读

约瑟夫·维萨里奥诺维奇·斯大林，格鲁吉亚人，苏联政治家，苏联共产党中央委员会总书记、苏联部长会议主席、苏联大元帅，是苏联执政时间最长（1924—1953）的最高领导人，对20世纪苏联和世界影响深远。

斯大林的父亲是农民出身的皮鞋匠，母亲是农奴的女儿。母亲生了四个孩子，因为贫穷和疾病死了三个，就剩下斯大林这个独子，所以对他特别疼爱。父亲希望他长大后和自己一样当个皮鞋匠，但母亲坚持让他将来当个教士。斯大林8岁那年，父亲终于将他送进小学读书。

1894年，15岁的斯大林小学毕业。因为成绩优秀，得到了奖学金，所以有机会进梯弗里斯的一所正教中学继续读书。

正教中学的主要课程是神学，教师大多是修士或神甫。学生每天一早就要去教堂做祷告，平时学校对他们监视很严，不允许有任何"越规"的思想和行为。斯大林对所学的课程和禁锢的生活非常反感，时常偷偷地阅读各种禁书。不久，他和当地的马克思主义者有了联络，并在正教中学内秘密地建立起了一个马克思主义小组。

一天，斯大林借来了一部马克思著的《资本论》，小组里的同学都很高兴，要斯大林马上开始组织学习。斯大林摇摇头说："不行，还不能马上开始学习。整个格鲁吉亚地区就这一部《资本论》，许多马克思主义小组都等着学这部书。各小组已经做出决定，共同抄写一部，把一部变成两部；再把抄出的装订成若干册，在各小组传阅。你们同意吗？"

大家一致同意这个决定。从此每天深夜，同学们就在床上急速地抄写。两个月后，终于抄写完毕，这才开始学习。

1898年，斯大林加入了俄国社会民主工党。不久，他又在正教中学组织起了第二个马克思主义小组。他的活动引起了校方的注意。1899年5月，他终于被学校当局开除。从此，他开始走上职业革命家的道路。

离开学校后，斯大林到梯弗里斯气象台当记录员，同时从事工人运动。1903 年斯大林被选为社会民主工党梯弗里斯委员会委员。两年后，他又被选入党的高加索联盟委员会。1904 年夏，他来到了著名的工业城市巴库，并在次年领导巴库的石油工人进行了一次总罢工。

20 世纪初，俄国内外矛盾日益尖锐。日俄战争爆发后，俄国革命形势迅趋成熟。1905 年秋，革命风暴席卷全国。为了组织和领导即将到来的全国性的武装起义，根据列宁的提议，布尔什维克党于这年年底在芬兰的塔墨尔福斯举行代表会议。斯大林作为格鲁吉亚的代表，也参加了这次大会。

早在中学读书的时候，斯大林就读到了列宁的著作，并为他鲜明的观点和精辟的分析折服，但是一直未见到过列宁。他渴望能见到这位伟大人物，并当面讨教一些问题。这一次他能如愿了。

开会那天，斯大林很早就来到会场。他想，列宁不可能这么早就来，因此坐在一边静静等着。这时，会场一角有几个人在热烈地交谈着，他们都穿着极为普通的服装。斯大林发现，其中有个身材比较矮小的代表非常活跃，在谈论中时常纠正别人的讲话，显得对各种情况都十分熟悉，便注意地听了起来。

有个代表在问矮个子："孟什维克说，布尔什维克要推翻沙皇政府，这简直是要想摘月亮。您怎么看？"

矮个子轻蔑地说："应该告诉他们：我们布尔什维克的目标不只是摘月亮，还要把太阳摘下来！太阳也是属于我们的！《国际歌》中不是说，要让鲜红的太阳照遍全球吗？这才是我们的目标！"

斯大林为矮个子远大的理想和深刻的思想所感动，轻声问身旁的一位代表："这矮个子是谁？"

"您不认识他？他就是列宁。"从此，斯大林和列宁建立了深厚的革命友谊，并在列宁的指导下投入俄国革命的洪流。列宁去世后，又忠诚地继承了他的事业，成为伟大的马克思列宁主义者。

1917年斯大林回到首都后负责领导《真理报》的工作，并当选为党中央政治局委员，指导彼得格勒党委会工作。在彼得格勒十月武装起义中，他被选入领导起义的革命军事总部。十月革命胜利后，他当选为苏维埃政府民族事务人民委员，同时领导国家监察人民委员部。

1924年初列宁逝世后，斯大林代表全党，在追悼会上宣读了坚决贯彻列宁遗训的伟大誓词，并继续担任党的总书记。在这以后，他作为党和国家的主要领导人，继续捍卫了列宁主义的事业。在他的领导下，苏联实现了农业集体化，并由农业国变成了工业国。至 1937 年，苏联的工业产值跃居欧洲第一位、世界第二位。1941 年 5 月，他被任命为苏联人民委员会主席。

1941 年 6 月，法西斯德国对苏联发动突然进攻，伟大的卫国战争开始。斯大林在估计德国进攻的时间上产生失误，因此卫国战争初期在军事上遭到失利。但后来他采取了强有力的措施，终于领导苏联军民，取得了反法西斯的伟大胜利。1945 年 6 月，他荣获苏联大元帅的最高军衔。

第二次世界大战结束后，斯大林担任苏联部长会议主席，为恢复和发展苏联的国民经济做出了巨大的努力。1953 年 3 月 5 日，他因患脑溢血与世长辞。

要点评析

斯大林一生中曾经犯过一些错误。主要是晚年时背离了列宁主义集体领导的原则和党的生活的准则，过高估计了自己为党和人民的胜利所建立的功绩，从而形成了对他的个人迷信。在肃清反革命分子的问题上，也有扩大化的倾向，伤害了不少同志。但他的历史功绩是不可磨灭的，仍然不愧为伟大的马克思列宁主义者。

延伸思考

斯大林为捍卫列宁主义做了哪些事情？

铁 托

名师导读

约瑟普·布罗兹·铁托，国际共产主义战士，南斯拉夫政治家、革命家、军事家、外交家。曾任南斯拉夫社会主义联邦共和国总统、南斯拉夫共产主义者联盟总书记、南斯拉夫人民军元帅。让我们一起去看看这位"铁人"的成长故事吧！

1892 年，铁托诞生于克罗地亚库姆罗维茨村的一个农民家庭。库姆罗维茨村都是沙土地，坚硬而又贫瘠，作物产量很低。铁托一家几口人，耕种一块不大的土地，向教堂和国家缴了租后，就所剩无几，时常弄得青黄不接，冬天过了一半，粮食就吃光了。铁托童年时代就经常推磨玉米面和面粉，还得干家务和农活。有时候，他凌晨三点钟就要下地，直到晚上才回家。

库姆罗维茨村直到 1898 年才有了初级小学。第二年秋天，铁托上学了。铁托从小跟随外祖父和母亲学说克罗地亚西北的斯洛文尼亚话，要听懂老师讲的克罗地亚话很费劲，因此他念了两次一年级，才学会了克罗地亚文。

初小毕业后，13 岁的铁托为了减轻家里的负担，到附近的锡萨克城一家餐馆去当学徒。这是个什么都要干的差使，从早晨一直到深夜没有停的时候。在不得已的情况下，他闯到一家锁匠工场，央求一位师傅收他当了学徒，同时进徒工学校学习。

1910 年底，18 岁的铁托拿着熟练锁匠工人的证书，来到克罗地亚的首府萨格勒，当了一名五金工人。不久，他在那里参加了社会民主党。

但是，萨格勒的工资很低，使他难以生活下去。他走了几个城市，情况都差不多。于是他和当时不少工人一样，收拾起简单的行李，先后到奥地利、瑞士、德国、捷克斯洛伐克去碰碰运气。人们常说，那里的工资要高得多，可是到了那里才知道上了当。原来，这些国家的老板吸收他们进工厂，是为了顶替那些参加罢工的工人，而且要他们充当罢工的破坏者。不久，铁托收到征召入伍的通知书，便当了一名士兵。

1915 年 3 月的一天，铁托在一次作战中受伤被俘。他的肩胛骨被俄国骑兵的长矛戳伤，在医院里躺了 13 个月，差一点丧了命，痊愈后，被送到俄国的乌拉尔地区，参加修建铁路的繁重劳动。直到 1917 年彼得格勒十月武装起义胜利后，他才获得释放。不久，他参加了国际赤卫队，并被接纳加入布尔什维克党，得到了一张候补党员的党证。

1920 年 9 月，铁托回到了阔别七年的故乡。当时，奥匈帝国已经崩溃，南斯拉夫民族国家塞尔维亚-克罗地亚-斯洛文尼亚王国宣告成立（1929 年改称南斯拉夫王国）。南斯拉夫社会民主党也已并入南斯拉夫共产党。于是，铁托在萨格勒市支部恢复了党籍，成为一名共产党员。1928 年 2 月，铁托当选为党的萨格勒市委书记。这年 5 月，他领导"五一"节的工人示威游行，因从军警手中解救了一名工人，逮捕后被当局监禁两周；不久，他又领导萨格勒市工人举行了三天大示威，因而再次被逮捕，三个月后，他被送上了法庭。被判处五年徒刑，一直关押到 1934 年。

出狱后，他被选为南共克罗地亚省委委员。1936 年，共产国际因南共中央内部派系斗争激烈，将其解散重组，铁托被指定担任组织书记；次年夏天，改任南共中央总书记。铁托主持中央工作后，立即着手整顿党的组织，将涣散的南斯拉夫共产党逐渐改造成为一个统一的革命政党。

1941年6月德军入侵苏联后，铁托立即在贝尔格莱德召开党的政治局会议，宣布起义时刻已经来临，与侵略者做殊死的斗争。几天后，他在贝尔格莱德建立了南斯拉夫民族解放游击先遣队总司令部（后改为最高司令部），自任总司令。在游击队的有力打击下，德军被迫撤出包括重要城市乌日策（今铁托乌日策）在内的整个西部塞尔维亚。

1943年1月至3月，德、意法西斯向比哈奇发动大规模的军事进攻。铁托率部撤出比哈奇时，10万难民随军转移。由于饥饿和严寒，伤病员增至4000人。但他们克服困难，打回到了波斯尼亚东部，并向门的内哥罗推进。这年9月，意大利战败投降。游击队解除了意军15个师的武装，从而大大壮大了自己。这时，南斯拉夫人民解放军已发展到30万人，解放了全国大半领土。

由于南斯拉夫民族解放运动的巨大胜利，英、美、苏三国首脑终于在1943年11月举行的德黑兰会议上，承认铁托指挥下的人民军队是南斯拉夫抗击德军的基本力量。1944年9月铁托赴莫斯科商讨与苏联红军协同作战的问题，并且达成了协议。10月20日，南斯拉夫人民解放军在苏军的协助下，解放了贝尔格莱德。1945 年 3 月，盟军逼近柏林时，铁托指挥全军发动总反攻，并于 5 月中旬解放了南斯拉夫全境。

全国解放后，铁托荣获"人民英雄"的称号，并从 1945 年起，出任南斯拉夫联邦政府总理兼国防部长。1952 年，南斯拉夫共产党改名为南斯拉夫共产主义者联盟，他被选为联盟总书记。次年起，铁托任共和国总统和武装部队最高统帅。此后，根据 1963 年宪法的规定，铁托担任南斯拉夫社会主义联邦共和国终身总统；1971 年 7 月起，又兼任联邦主席团主席。在 1974 年召开的南共联盟第十次代表大会上，他当选为南共联盟主席，任期无限。

在国际事务上，铁托是不结盟运动的创始人和领袖。为了寻求对不结盟运动的支持和发展各国间的友好合作关系，从 1958 年起，他先后出访了亚非拉许多国家，并先后三次发起不结盟国家会议，因而被许多国家领导人授予"世界公民"的荣誉称号。1980 年 5 月，这位国际闻名的反法西斯的坚强斗士去世，终年 87 岁。

要点评析

铁托是前南斯拉夫现代历史上最重要的人物。在战火纷飞的年代，铁托在极端艰苦的条件下建立了人民军队，为人民不惜赴汤蹈火，终于战胜了强大的敌人，解放了祖国，成为举世闻名的反法西斯英雄。在战后和平建设的日子里，铁托团结全党和各族人民，战胜了巨大的外部压力，坚决维护民族独立和国家主权，坚持社会主义道路，为国际共产主义运动做出了卓越的贡献。铁托热爱生活，热爱大自然，他鼓励青少年培养高尚的共产主义情操和广泛的兴趣，引导人民追求美好而文明的生活。他的一生对前南斯拉夫的历史、政治和外交等都有着极其重要的作用。

延伸思考

铁托为什么被许多国家领导人授予"世界公民"的荣誉称号？

德谟克利特

名师导读

德谟克利特（约前 460—前 370）出生在色雷斯海滨一个叫阿布德拉的商业城市，是古希腊伟大的唯物主义哲学家，原子唯物论学说的创始人之一，率先提出原子论。

德谟克利特的童年是幸运的。他的父亲是阿布德拉城的一个奴隶主贵族。这座位于色雷斯南部沿海的希腊殖民地城市是个商业中心，他的父亲在当地以富有著称，并且以能款待波斯国王薛西斯为荣。

为了答谢德谟克利特的父亲的盛情款待，薛西斯在离开的时候，给他留下几个随从学者，以便教导德谟克利特。随从薛西斯的学者当然是很有学问的，德谟克利特从他们那里接受了神学和天文学方面的教育。渐渐地，他对东方的科学文化产生了浓厚的兴趣。

这孩子钻研学问劲头十足，而且有个习惯：爱把自己关在一个家人不知道的住处思考问题。有一次，他躲在一间小屋里埋头钻研，他父亲叫人牵来一头牛，并在这间小屋里宰杀，他竟然没有察觉；直到父亲叫他去祭神，他才知道刚才身边发生的事。

这孩子很富于想象，并且爱用各种各样的方式去证实自己的想法。他想象鬼怪有一副狰狞的面目，便在一个漆黑的晚上，独自一人到墓地里去。后来感到疲倦，就躺在地上睡着了。父亲焦急地找了他一夜，直到第二天清晨才发现了他。

"哪来什么鬼怪！"德谟克利特被推醒后自言自语道，"既然没有鬼怪，神明也不会存在！"

父亲没有等到他成名就去世了。他把所得的遗产——土地和大部分奴隶都分给他的兄弟，自己带了一笔钱去游历，以实现童年和少年时代对世界各地尤其是东方的向往。

德谟克利特首先来到雅典，在这座当时希腊哲学家最为集中的城市里学习哲学。接着，又到波斯、埃及、巴比伦、印度等地游历，前后长达十多年。他在埃及留居了五年，其中三年多时间是在向那里的数学家学习几何；又花了不少时间，在尼罗河上游研究埃及的灌溉系统。在巴比伦，他向僧侣学习天文学，懂得了如何观察星辰和计算日食的日期。一路上，他听过许多名人的演讲，接触了各种各样的人物。

当他回到阿布德拉城的时候，他已经成为一个知识非常渊博的学者了。阿布德拉人善于经商，很少有人研究学问，更少有像德谟克利特这样精通哲学和自然科学的学者，因此对他非常尊敬。但是，人们见到他回城后的一系列行为又感到忧虑。不久，这种忧虑又发展成为反感和不满。最后，许多人断定这位哲学家已经成了疯子。

原来，德谟克利特回家后，不去找一个有用的职业，而是继续致力于哲学和自然科学的研究。这样，就耗尽了他从父亲那里继承的绝大部分遗产。

阿布德拉城有条法律：父亲死后，儿子有义务增加财产，否则就要被驱逐出境。有人据此向法庭告发了德谟克利特。不过许多人认为，他是发了疯才变成这样的。他的一位朋友还特地把希腊最著名的医生希波克拉特斯请来，乞求他用高超的医术，治好德谟克利特的疯病。

希波克拉特斯早就听说，德谟克利特是著名的哲学家，又精通数学、物理学、生物学、医学、天文学、音乐乃至语言学。他不能让这样一个有学问的人发疯甚至被驱逐出境，决定马上给德谟克利特治病。希波克拉特斯赶到德谟克利特的花园里，只见他正在一块石头上，把一幅纸草卷放在膝盖上，专心地在写着。医生拉住那朋友，轻声嘱咐他别打扰德谟克利特，先耐心地观察一会儿。

德谟克利特写完后，站起来走到屋檐下，拿起一副兔子的内脏，仔细地观察起来。他还是那样专心致志，一点儿也没注意有人跟着他。

"瞧，他如果是正常人，会剖开兔子的肚子，久久地观察它的内脏吗？"

"这也不能证明他发了疯。"

德谟克利特突然停止了他的沉思和观察，缓步走了过来。他向陌生的希波克拉特斯看了一眼，打断那中年人的话说："原子的学说是伟大的先哲基伯首先提出来的。我要对他的学说加以补充：世界上的一切东西，都是由极小的、不可再分的原子构成的。万事万物的本原是原子和虚空。无数的原子永远在无限的虚空中的各个方向运动着。它们互相冲击，形成旋涡，产生了无数的世界。人的灵魂也是由原子构成的。原子分离，物体消灭，灵魂也就跟着消灭了。这完全是事实！"

"医生你听，他说的完全是疯话！你得给他治一治病！"人群中有人喊道。

"这是他提出的一种学说。请让他再说下去。"希波克拉特斯平静地说。

"荒唐！荒唐！这样说要受到神灵惩罚的！"有人叹息道。

希波克拉特斯大笑道："我原以为解剖野兽尸体的人是精神失常了，现在才知道，究竟是谁精神失常了。我认为，如果说谁有什么不正常的行为，那是你们而不是德谟克利特！他不是疯子，而是你们阿布德拉城最聪明、最有学问的哲学家！"

希波克拉特斯的话使不少人清醒过来。在法庭上，他又为德谟克利特进行了辩护。德谟克利特当场宣读了他的一部论述宇宙的著作《大世界》，作为辩护。控告他的人听了以后，一致赞扬这是一部非常有价值的著作。法庭也据此宣布对他免予处罚。

德谟克利特一生写了许多著作，可惜流传到现在的，只有一些论述动植物的片断。他活了90岁，生前阿布德拉人就为他立了铜像。去世后，人们给他举行了隆重的葬礼。

要点评析

在法庭上，德谟克利特为自己辩护："在我同辈的人当中，我漫游了地球的绝大部分，我探索了最遥远的东西；在我同辈的人当中，我看见了最多的土地和国家，我听见了最多的有学问的人的讲演；在我同辈的人当中，勾画几何图形并加以证明，没有人能超得过我，就是埃及所谓丈量土地的人也未必能超得过我……"

在生前，他被称为"爱笑的哲学家"。他平等待人、处世开朗。在他死后，人们以整个国家的名义为他举办了盛大的葬礼。

延伸思考

人们为什么说德谟克利特是个疯子？

柏 拉 图

名师导读

柏拉图（前 427—前 347），古希腊伟大的哲学家，也是整个西方文化最伟大的哲学家和思想家之一。他和老师苏格拉底、学生亚里士多德并称为"希腊三贤"。

柏拉图是一个很有理想的人。他曾经用对话体的形式，写成了一部名叫《理想国》的书，设计了一幅他理想中国家的蓝图。书中许多有价值的思想，给后世诸多启示。

柏拉图成为有名的哲学家，跟他青少年时代受到的良好教育是分不开的。他的父亲是雅典王族的后代，母亲是雅典著名改革家梭伦的后裔。柏拉图幼年丧父，母亲改嫁给他的表叔。表叔是个奴隶主贵族，家里非常富有，柏拉图是在他抚养下长大成人的。

表叔给柏拉图请过许多老师，教他文法、修辞学、音乐、美术和写作，甚至请老师给他上体育课。柏拉图原名阿里克托利斯，体育老师见他肩膀宽阔，便时常唤他"柏拉图"（希腊语中"柏拉图"一词有"宽阔，平坦"等意思）。柏拉图对这个绰号很满意，一直使用它。所以成名后，他原来的姓名人们反而不大知道了。

青年时代的柏拉图兴趣非常广泛。他还学过数学、天文学、几何学和哲学。对哲学他尤其有兴趣，钻研过各个派别的哲学观点。

公元前 407 年，20 岁的柏拉图拜当时最著名的哲学家苏格拉底为师。一投到苏格拉底的门下，他就被老师高深的哲学思想吸引住，以致把自己的诗稿付之一炬，决心终身从事哲学研究和教育。

柏拉图在苏格拉底那里整整学习了八年。他简直形影不离地跟随着老师，倾听老师的言论，理解老师的哲学思想，并且以此为荣。后来，他激动地写了这么一段话："神灵啊！我感谢你使我成为希腊人而不是外族人，是自由民而不是奴隶，是男子而不是女人，更感谢你使我生活在苏格拉底的时代，成为苏格拉底的学生!"

不幸的是,在柏拉图 28 岁那年,苏格拉底被雅典民主派处死了。这对柏拉图是一个沉重的打击。在这以前,柏拉图曾经参与了对老师的营救工作,加上他又是苏格拉底的忠实门徒和事业上的继承人,因此被民主派人士列为嫌疑犯。在这种情况下,柏拉图被迫离开了雅典。

柏拉图在外游历了 12 年才回到雅典。雅典的民主派虽然杀了苏格拉底,但细细一想,觉得有些不应该。可是人死不能复生,反悔也没有用了,于是对苏格拉底高足柏拉图的归来,表示欢迎。

这时,柏拉图已经 40 岁了。在他的头脑里,已经涌现出一幅理想中国家的蓝图。他迫切需要把它构思出来,以便展示给人们观看;而要达到这个目的,最好的办法是从事教育和著述,向一些人灌输自己的观点,进而寻找建立理想国的机会。

为了实现自己的理想国,柏拉图曾三次访问叙拉古,皆不欢而散,甚至有一次被当作奴隶卖掉。雅典的民主政治与他格格不入,叙拉古的国王又不理解他的政治理想,而他又不可能在其他方面找到知音,这一切使柏拉图感到心灰意冷。于是,他决定专心从事教育和著述,因此创作了阿卡德米学园,向门徒传授自己的哲学思想和政治思想，并让学生把它记录下来，留给别人去理解、研究和实施。

柏拉图留下的最著名的哲学著作是《理想国》。这是他一生的思想结晶。在这篇著作中，他借助老师苏格拉底之口，阐述了自己的国家观。

国家是怎样出现的呢？柏拉图说，由于社会的分工，没有一个人可以自给自足，而所有的人又各有需求，比如衣、食、住、用以及娱乐和受教育等，于是人们就结成一个团体，彼此互相协作。这种共同生活的团体由小而大，最后终于在一定范围内形成国家。

国家有多少种政体呢？柏拉图说，在希腊世界，有四种不同的政体。它们是勋阀政体（注重武备的军阀统治）、寡头政体（少数贵族操纵政治的统治）、平民政体（民主制的统治）和僭主政体（专凭武力建立的个人独裁统治）。这四种政体，按次序一个比一个坏。他对民主政体尤其反感，说这种政体表面上是选举中的平等，可是对于本来就不平等的人来说，它却造成了真正的不平等，也是最大的不正义。人们做一双鞋子，尚且要找一个手艺好的鞋匠，生了病，还要请一位通晓医道的良医，而治理国家却交给随便什么人，这不是非常荒唐的事吗？

怎样才算是理想的国家呢？柏拉图说，国家是放大了的个人，个人是缩小了的国家。个人有三种品德：智慧、勇敢和节制。所以，最理想的国家应当具备不同品德的三等人：第一等是治国的贤哲，即少数奴隶主贵族，他们生来具有智慧的品德，应当支配一切。第二等是卫国的武士。他们生来具有勇敢的品德，应当担任贤哲的辅助人员。第三等是农夫、手工艺者和商人等民间艺工。他们生来具有节制的品德，应当专门从事劳动生产，为养活前两等人服务。奴隶永远不能成为主人的朋友，所以不列入等。

柏拉图完整地提出了他理想国的主要内容以后，有人怀疑地问他："你所设计的这个理想国，在希腊能够实现吗？"

柏拉图笑笑说："理想的东西不一定都能实现。就算这样，总不能因此而否定它的美好的东西吧！它虽然不是真的，但都是唯一真实的。如果各城邦都能以它为榜样，变成一个近似理想国的城邦，也就如我的愿了！"

柏拉图主持阿卡德米学园长达40年。他活了80岁，于公元前347年去世。这所学园存在了900多年，直到公元529年，才被东罗马皇帝查士丁尼下令封闭。

要点评析

　　古希腊有句名言："不知道自己的无知，乃是双倍的无知。"两千多年来，这句名言一直给人以启发、智慧和力量，鼓励人们谦虚谨慎地寻求知识。说这句话的，是古希腊一位著名的唯心主义哲学家，他的名字正是柏拉图。

延伸思考

　　柏拉图借助老师苏格拉底之口阐述了自己的国家观，这样做的原因是什么？

亚里士多德

名师导读

　　亚里士多德（前384—前322）既是杰出的思想家、哲学家和教育家，又是卓越的科学家。这位大学问家精通哲学、逻辑学、伦理学、政治学、经济学和诗学，又深入研究过生物学、生理学和医学，据说著述有1000卷之多。所以有人赞叹说，他是一位百科全书式的学者。

　　17岁那年，亚里士多德来到雅典，进当时希腊最负盛名的哲学家柏拉图的学园学习哲学和其他各科知识。他跟随柏拉图有20年之久，但和老师在哲学思想上有很大的分歧。

　　柏拉图不承认现实世界的真实性。他臆造出一个绝对完美的理念世界，并且说，现实世界是这个理念世界的不完全的摹本。亚里士多德不同意老师的这种看法。他完全否定在现实世界之外，还有什么独立存在的理念世界。

这种分歧使亚里士多德感到苦闷。但他是一个对学术非常严肃认真的人，并不因为柏拉图是他的师长而放弃自己的观点。

有一次，一位同学问他："你老是提出跟老师的学说对立的观点，不怕老师对你有意见吗？"

亚里士多德笑道："追求真理是哲学家的神圣职责。我爱我的老师，更爱真理，在不得已的时候，宁可得罪老师而保全真理。"

柏拉图对亚里士多德不接受自己的观点虽然不太满意，但他还是非常欣赏这位学生的钻研精神，称亚里士多德是"学园之心"。其实，他们师生二人的哲学观点只是在出发点上有分歧，而在结论方面并不是不能调和的。

柏拉图去世后，亚里士多德应腓力二世之召，于公元前343年去马其顿，担任王位继承人亚历山大的老师。当时，亚历山大才13岁，但腓力二世对他抱有很大希望。

亚里士多德在马其顿留住了七年之久。等到亚历山大登上王位以后，他觉得再也不能待下去了。亚里士多德和他的这个学生的性格是完全不相同的：亚里士多德注重哲学的思索，而亚历山大则爱好实际的行动。不久，亚里士多德向亚历山大表示了回雅典去的愿望。

亚历山大满足了他的愿望，并且诚恳地说："敬爱的老师，我不会忘记你使我成为一个知识渊博的人。我要尽一切力量报答你对我的教诲。我将指定一些人，专门为你采集标本，并随时派专人把它捎回雅典。请老师相信，在未来的岁月中，我将永远是你事业的支持者！"

公元前335年，亚里士多德回到雅典。他在城东郊阿波罗圣林的吕克昂体育场，开办了一所学园。依靠亚历山大提供的巨额经费，以及他在远征中不时捎来的各种资料和动植物标本，亚里士多德在学园里建立了欧洲第一个图书馆，建成了一个规模很大的生物实验室，并主持这所学园达13年之久。

亚里士多德很少固定在一处讲授，常常带着弟子在学园里一边漫步，一边授课。

一天，他带着十几个弟子，在学园的林荫道上散步。一个年轻的学生问道："老师，我听高级班的师兄们说，你给他们讲的三段论精彩极了。你能不能给我们简单地解释一下什么叫三段论？"

"要简单地解释吗？那很容易。"亚里士多德在一条石凳上坐下，轻松地说，"我们希腊人有个谚语：如果你的钱包在你口袋里，而你的钱又在你钱包里，那么你的钱肯定在你口袋里。你们看，这不是一个由大前提、小前提和结论组成的非常完整的三段论吗？"

"老师解释得真清楚。"大家赞叹地说。

亚里士多德不去理会弟子们对他的恭维，向大家提出一个问题："法律是什么，你们知道吗？"

沉默了一会儿后，有人回答说："法律是一种约束。"

又有人回答说："法律是对公民的奴役。"

亚里士多德说："法律是不受情欲影响的理智。"

"是啊，"第一个回答问题的弟子高兴地说，"正因为它不受情欲影响，所以它对情欲是一种约束。"

"不能消极地看待法律的约束作用，"亚里士多德纠正说，"其实，法律是一种拯救。公民应当享有情欲上的自由，但自由并不意味着放纵。如果人人都各行其所欲，那必将造成城邦的混乱。自由不应当超越法律的限度，这样法律也就保证了公民的自由。所以，把法律说成对公民的奴役，那是不正确的。"

"老师说得对！"

"不过，"亚里士多德把话锋一转，"如果说法律是对奴隶的奴役，那就正确了。造物者造成了两种人：一种人天生是自由的，另一种人天生是当奴隶的。奴隶是主人的财产。主人与奴隶的关系对双方都是有益的，也是正义的。对于不平等的人施以不平等，这才是真正的平等。"

亚里士多德在吕克昂学园潜心研究学问的时候，希腊反抗马其顿统治的浪潮一直没有停息过。作为亚历山大的老师，人们当然也非常憎恨亚里士多德。

尽管雅典人一直在攻击亚里士多德，但只要亚历山大还在世，他还是安全的。不过这种安全并非持久的。公元前323年，亚历山大病死，他所建立的帝国迅速瓦解。这样，亚里士多德的日子就不好过了。他被控犯了"渎神罪"，于是赶紧逃离雅典，前往优卑亚岛的卡尔喀斯城。第二年夏天，这位古希腊最博学的人在那里凄凉地死去。

要点评析

追求真理是哲学家的神圣职责。正如亚里士多德所说："我爱我的老师，更爱真理，在不得已的时候，宁可得罪老师而保全真理。"

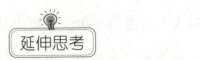

延伸思考

亚里士多德为什么离开住了七年之久的马其顿?

雨　果

名师导读

　　维克多·雨果，法国文学史上最伟大的作家之一，被称为"法兰西的莎士比亚"，法国浪漫主义作家的代表人物，是19世纪前期积极浪漫主义文学运动的领袖。一生创作了众多诗歌、小说、剧本、各种散文和文艺评论及政论文章，代表作品有《巴黎圣母院》《九三年》《悲惨世界》等。

　　1818年夏季的一天中午时分，一位16岁的少年经过巴黎法院门前的广场，发现广场中央有大群人在围观着什么。他好奇地上前，看见一根木柱上正拴着个衣衫褴褛的年轻女子。她颈上锁着乌亮的铁圈，头上顶着一块告示；脚旁有一盆烧得通红的炭火，一把烙铁插在火里。读了告示才知道，她犯了所谓"仆役盗窃罪"，要受到严厉的惩罚。

时钟敲了 12 下，行刑人走到她身后，用烧红的烙铁狠狠地按在她裸露的肩上，顿时，那女子大声惨叫起来。人群中不时地发出惊呼声、叹息声。少年目睹这一惨状，愤慨地自言自语道："这就是所谓的法律！"从此，他下决心要永远与这种残酷的法律做斗争。这位少年，就是后来声言要当"善行的斗士和公仆"的法兰西爱国文豪维克多·雨果。

1802 年，雨果出生于法国东部的贝藏松城。他幼年跟随父亲过军旅生活。1812 年随母亲和两个哥哥回国，在巴黎贵族中学读书。14 岁开始写诗，15 岁那年参加征文比赛，所写的诗《读书之益》获得了法兰西学士院的奖励。当时，他还醉心于创作所谓的古典悲剧，歌颂波旁王朝在法国的复辟和统治，公然站在保王派一边，崇拜贵族浪漫主义文学。

后来，有两件事使他的思想发生变化，对自己所走的道路产生了怀疑。一件是前面提到的在巴黎法院门前广场目睹的惨事，使他对封建专制的法律制度感到厌恶。另一件事则动摇了他对保王派的信念。

雨果的中学同学德龙参加了反对帝制的秘密活动，因计划泄漏而被当局发现，结果被判处死刑。雨果一得知这个消息，立即写信给德龙的母亲，建议让德龙躲到他的卧室中。万万没有料到，当局竟拆阅了这封信。亏得德龙已逃离国境，才幸免于难。雨果对当局干出这种卑鄙的勾当非常反感，觉得这样的政府不值得歌颂。

随着政治态度的变化，雨果对贵族浪漫主义文学也日益感到讨厌。他喊出了一个鲜明的口号："让人民文学代替宫廷文学"。1827 年，雨果在积极浪漫主义文学观的指导下，创作出了他的第一个韵文剧《克伦威尔》。作品以英国 17 世纪发生的资产阶级革命为题材，描写了这次革命的领袖克伦威尔拒绝王位的故事。接着，他又创作出许多优秀的作品。其中最著名的，是浪漫剧《欧那尼》和长篇小说《巴黎圣母院》。

1831 年初，雨果的《巴黎圣母院》完成。小说描写的是 15 世纪的巴黎，却反映出 19 世纪 30 年代法国革命运动反封建、反教会的内容，因此是一部具有进步意义的杰作。

1851 年，拿破仑三世称帝，雨果对此大加攻击，因此被放逐国外。

1860 年，英法联军入侵中国，占领北京，火烧圆明园，抢劫财宝。雨果指责这是两个强盗结伙打劫。

1863 年，雨果应俄国革命民主主义者赫尔岑的请求发表声明，支持波兰人民反对沙皇俄国的起义斗争。他还用各种方式支持呻吟在土耳其枷锁下的克里特岛的爱国者和伊朗共和主义者。流亡期间，雨果的思想和艺术更加成熟了。他先后创作了《悲惨世界》《海上劳工》《笑面人》等长篇小说。其中成就最高的是《悲惨世界》。

《悲惨世界》是雨果在 40 年代初开始动笔的，直到 1861 年才完成，前后经历近 20 年。小说是以一个真实的故事为蓝本而创作的：1801 年，有个名叫彼埃尔·莫的农民，为饥饿所迫，偷了一块面包，因而被判五年徒刑。出狱后，由于他的身份证是黄色的，所以找不到工作。这一悲惨事件深深地震动了雨果。他决定以此为基础，创作一部长篇小说。最初名称叫《主教札记》，带有善良和仁慈说教的狭隘含义，但后来，雨果不满意最初的构思，他重新进行了创作，扩展了内容，深化了主题，并把它改名为《悲惨世界》。

1870 年 7 月，拿破仑三世对普鲁士宣战，普法战争爆发。一个半月后，法军 10 万人在色当投降，拿破仑三世也当了俘虏。过了两天，巴黎爆发革命，拿破仑三世建立的法兰西第二帝国崩溃。帝国覆灭后的第二天，雨果怀着激动的心情回到了巴黎。就在这座英雄的城市里，雨果度过了他的晚年。

1871 年 3 月 18 日，巴黎人民举行了具有划时代意义的巴黎公社起义。当时，正在布鲁塞尔的雨果，虽然觉得这次起义的时机选得不太恰当，但认为巴黎成立公社的权利是无可辩驳的。

巴黎公社失败后，比利时政府宣布拒绝公社社员在比利时避难。雨果立刻在《独立报》上发表声明："庇护是一种古老的权利，这是不幸者的神圣权利。"三天后，比利时政府公然宣布将雨果驱逐出境。雨果回到巴黎后，立即投入了营救巴黎公社社员的斗争。

1873年，71岁的雨果完成了他最后一部长篇小说《九三年》。作品以法兰西共和国远征军平息旺岱地区反革命叛乱的事迹为中心，再现了1793年法国资产阶级革命的伟大历史画卷，讴歌了共和国军民的斗争精神和军民间的亲密关系，揭露了封建制度的种种罪恶，谴责了外国干涉者和保王党人对革命的仇视和反扑，肯定了革命是正义的事业。

1885年5月，雨果停止了呼吸，享年83岁。法兰西举国为他志哀。成千上万的人唱着法国国歌《马赛曲》，沉痛地向他们所热爱的这位"善行的斗士和公仆"告别。大家不顾大主教的反对，将雨果的遗体安葬在法国名人们安息的处所——先贤祠。

要点评析

雨果一生都追随时代的步伐前进，他几乎经历了19世纪法国的一切重大事变。就雨果作家的身份而言，宣扬人道主义、反对暴力、以爱制恶等是贯穿他一生活动与创作的主导思想，在这样的思想指导下，他创造出了一部又一部令人称赞的经典之作。因此说，他是法国文学史上一位最伟大的作家之一。

延伸思考

哪两件事使雨果的思想发生变化，对自己所走的道路产生了怀疑？

高 尔 基

名师导读

很难想象，像高尔基这样举世闻名的无产阶级文学巨匠，竟只上过两年小学。高尔基有着苦难的童年，他的青少年时代几乎是在流浪中度过的。那他是如何取得巨大成就的呢？接下来就让我们一起了解这位文学巨匠传奇的一生吧！

高尔基原名阿列克赛·马克西莫维奇·彼什科夫，1868年生于俄国下诺夫戈罗德（今高尔基市），他的父亲是个细木工人，母亲是一家染坊业主的女儿。高尔基的外祖父不允许自己的女儿同一个外来的小伙子结婚，顽固地要把她嫁给一个贵族。然而，这对年轻人还是成了眷属。直到高尔基生下来后，外祖父才承认女儿和女婿的婚姻。

高尔基3岁那年，父亲因患霍乱病而死去，于是母亲带着高尔基回到了娘家。外祖父一家人时常吵架，唯有外祖母是个心地善良的人，常常给高尔基讲民间故事，唱动听的民间歌曲。

高尔基6岁的时候，外祖父教他斯拉夫文。直到9岁那年，已经改嫁的母亲才把他送进小学读书，因为家里很穷，他脚上穿的是母亲的皮鞋，身上穿的是用外祖母上衣改成的大衣，小同学们都嘲笑他，管他叫"拾破烂儿的"。但他学习成绩很好，在快升三年级的时候，得了一张奖状和几本作为奖品的书。那时外祖母正在生病，没有钱医治，高尔基就把奖来的几本书卖掉，所得的钱交给了外祖母。

不幸的是，这年夏末母亲去世了，几天后高尔基的外祖父便对他说："孩子，你不是一枚勋章，我的脖子上没有你的地位，你到人间去吧！"

就这样，11岁的高尔基被送进一家皮鞋铺当学徒，学徒生活是非常艰苦的，每天要比铺里所有的人都起得早，给所有的人擦皮鞋，刷衣服，接着生火壶，收拾店铺，给顾客取货物……

几个月后的一天，高尔基被菜汤烫伤，外祖母只好把他领回家去。第二年，他又被送到一个绘图师那里去学习绘画，但是，那个绘画师并不教他绘图，却把家务全压在他身上，高尔基实在忍受不了，就逃了出来，到伏尔加河一艘轮船上当洗碗碟工的帮手。后来，他又当过扫院人、守夜人、搬运工和铁路上的司磅员等。在此期间，他接触了俄国伟大的作家普希金、莱蒙托夫、果戈理等人的作品，这些作品深深地吸引了他，成为他劳累之余最好的伴侣。

16 岁那年，高尔基来到喀山，同当地有革命情绪的青年交往，阅读了马克思的《资本论》，并且试写了一些诗歌。他曾经想上大学，但对一个连栖身之地也难以找到的青年来说，这只能是幻想。

高尔基顺着伏尔加河往下游走去，从察里津穿过顿河区、乌克兰、克里米亚，流浪到高加索。他步行了几千公里，一路上当搬运工人、泥瓦匠、捕鱼工人、晒盐工人，有时一天干 15 小时的活，但还是经常挨饿。但是，这次长途旅行使他认识了祖国，也积累了丰富的创作材料，后来他创作的自传体三部曲——《童年》《在人间》《我的大学》，其素材就来源于自己的亲身经历。

高尔基写了一篇题为《切尔卡希》的短篇小说，请当时的进步作家柯罗连科指点。柯罗连科读完后，向高尔基祝贺道：

"您写了一篇不坏的东西，甚至可以说简直是一篇出色的小说！您是一个现实主义者，可同时也是一个浪漫主义者！"经过柯罗连科的推荐，这篇小说在彼得堡一份大型杂志上发表了。

从此，高尔基的文名渐渐为人们所知。有人举办了庆祝他的文学成就的晚会，做了关于他的报告，撰写和出版了关于他的小册子。1901年起，他的作品已经被译为许多外国文字，他的剧本也在国内外有名的剧院上演。

沙皇政府的密探一直在对高尔基进行监视。1901年4月，高尔基的诗作《海燕之歌》发表。这首诗在每一座城市里都用胶版翻印，用打字机打印，并且广为传抄，成为一首革命的战歌，响彻了整个俄罗斯。与此同时，宪兵也搜查了高尔基的住宅。

宪兵是在午夜突然闯进他的住宅的。高尔基坐在桌前，对宪兵提出的问题不做回答，只是平静地说："请你们打开所有的抽屉吧！"

搜查从深夜一点一直进行到早晨八点钟，高尔基的许多笔记和作品的草稿都被捆进麻袋里去了。高尔基被逮捕了，他犯了什么罪呢？官方认为，《海燕之歌》是"危险的和有害的"作品，会使思想传染自由的毒菌，所以连刊登这篇作品的杂志也被封了。

只要读一读这首诗就会明白，沙皇政府为什么那样害怕高尔基：

——暴风雨！暴风雨就要来啦！

这是勇敢的海燕，在怒吼的大海上，在闪电中间，高傲地飞翔；

这是胜利的预言家在叫喊；

——让暴风雨来得更猛烈些吧！

高尔基本来身体就很虚弱，患有肺病，被这样一折腾，在监狱中病情日益严重，俄国的许多进步人士都非常愤慨，著名的作家列夫·托尔斯泰亲自出面作保。于是当局不得不把高尔基从监狱里放出来，改为在家管制，高尔基家的厨房里、台阶上，门外的大街上，各有一个警察在监视，使他完全丧失了自由，几个月后，他又遭到了流放。

1906年，高尔基完成了他最优秀的长篇小说《母亲》，小说写的是青年工人巴维尔和他的母亲尼洛芙娜在革命斗争中逐渐提高觉悟，成为坚强的革命者的动人故事。它反映了俄国1905年革命准备时期蓬勃发展的工人运动，是俄国最早描写无产阶级革命斗争的小说，也是第一部社会主义现实主义作品。

俄国十月革命胜利后，高尔基参加了社会主义文化活动。1936 年 6 月，这位举世闻名的文学巨匠的心脏停止了跳动。

要点评析

"我扑在书上，就像饥饿的人扑在面包上。"高尔基从小就有强烈的读书愿望，他在学校时，成绩很好，获得过最优秀奖，然而贫穷使他只上了两年学。为了养家糊口，他四处奔波，干过各种各样的工作，但他始终没忘记过读书，他常常冒着危险找书看。为了躲避老板的监禁，他常常利用深夜看书。他用罐头做了个油灯，收集主人烛盘里的残油，躲在贮藏室、板棚等处苦读。实在找不到油灯，他就在月光下看书。在极端艰难困苦的环境里，高尔基发奋自学，从而获得了很高的文化水平，为他的文学创作打下了坚实的基础。

延伸思考

高尔基上大学的愿望没有实现，为什么还会写出《我的大学》呢？谈谈你的理解。

道 尔 顿

名师导读

　　约翰·道尔顿（1766—1844），英国化学家、物理学家，近代原子理论的提出者，他的原子论是继拉瓦锡和氧化学说后对化学理论的又一重大贡献，对化学真正成为一门学科具有重要意义。

　　道尔顿出生于英格兰北部鹰场村一个贵格教派的家庭，父亲约瑟夫·道尔顿是一个手工织布工人，还经营着小块土地。母亲黛博拉操持家务。小时候因为家很穷，他一边帮父亲干活，一边在乡村学校读书，11 岁就辍学了。但他喜欢读书，聪明好学，学习有一股子钻劲。遇到不懂的问题，不轻易问别人，而是勤思考、查资料、多验证，一定要想方设法把问题搞清楚。正是从小养成这种良好的学习习惯和勤奋求知、持之以恒的精神，才使他自学成才，为人类科学技术的发展做出了巨大的贡献。

道尔顿 12 岁那年，鹰场村小学的人手不够。一是因为道尔顿要帮助父亲补贴家用，而更为重要的是小学校长知道道尔顿的聪明才智，就请他当教师。初登讲坛的小先生道尔顿在学生中没有什么威信，有些调皮的学生在规定的时间里完不成作业，道尔顿就在放学以后把他们关在教室里，要他们完成作业以后再回家吃饭，他们打破窗户跑掉，甚至还威胁道尔顿："怎么样，想到村外的坟场上打一架吗？"但过了不久道尔顿以他丰富的知识、真实的学问、有趣的讲授和高尚的职业道德赢得了学生的爱戴和尊敬。

1781 年道尔顿离开鹰场村到坎达尔城谋求发展，在一所寄宿学校当数学教师。在坎达尔最使道尔顿难忘的是他遇上了一位挚友约翰·豪夫。豪夫生于一个商人家庭，两岁时因患天花双目失明。他以惊人的毅力和顽强的意志进行学习和研究，具有广博的知识，是一位出色的实验家。道尔顿第一次慕名去拜访豪夫的时候，看见他准确熟练地取用各种仪器，往容器里装满溶液而不溅漏……一个盲人能做得如此完美，使得道尔顿惊叹不已，在谈话中豪夫所表现的渊博的学识，更使道尔顿十分敬佩。共同的追求使他们很快成了好朋友。道尔顿还向豪夫学习希腊语、拉丁语、法语和数学。豪夫的精神激励着道尔顿更加勤奋地学习，他的知识更加丰富了，教学也取得了出色的成绩，因而赢得学校师生和坎达尔市民的尊敬。1785年，19岁的道尔顿便当上了这所学校的校长。

道尔顿还是小孩的时候，就发现他的弟弟乔纳森对颜色分辨不清——把红色的陀螺看成是绿色，把妹妹的绿色连衣裙说成是红色的。后来道尔顿发现自己也有对某些颜色分辨不清的缺陷。有一次他买了一双长袜作为礼物送给母亲，母亲非常高兴。但又对这双大红颜色的袜子感到诧异，她是一位虔诚的贵格派教徒，按教规她是不能穿这么鲜艳的袜子去做礼拜的。一问才知，原来道尔顿是把它当作深蓝色的袜子买回来的。

道尔顿很纳闷，决定研究这种奇怪的现象。他用各种不同颜色的方块，按照不同的顺序排列起来，让他的学生进行辨认，发现有的学生分不清红色和绿色，有的分不清黄色和蓝色。他又外出调查，在玛利玻斯特发现也有视觉异常现象。

1794年秋，道尔顿在文学哲学学会上做了关于色盲的报告，同年又出版了《关于各种颜色显现程度的反常事例》这部科学著作。由于道尔顿首先发现了色盲现象，为了纪念他，后人把色盲症又叫作道尔顿症。

道尔顿最初研究气象学，从 1787 年 3 月 24 日开始直至去世，57 年间每天都对他所住湖区的气象变化做了记录，共计两万多次。最后一次记录是他去世前几小时记下来的。

1787 年道尔顿开始观察极光现象，得出极光射束和地磁有关的结论。他第一次确认雨的形成原因是气温的降低。

对气象的深入研究引发了道尔顿对气体研究的兴趣。他研究气体的扩散问题，测量气体的压力，寻找气体的体积与温度变化的关系。既研究单成分气体（当时氮气、氧气等空气的组成部分已被发现，已认识到空气是一种混合气体），又研究混合气体。在研究混合气体中，发现了有名的"气体分压定律"，即气体混合物的压力等于各组元气体在同样的条件下单独占有该容器时的分压力之总和。这个定律通常被称为"道尔顿定律"。

道尔顿最主要的成就还是在化学方面。他设计了化学符号制。1803 年提出相对原子量，并制成了最早的原子量表。至今，测定原子量的方法仍然是根据道尔顿最初提出的原则。他还发现了丁烯和乙醚的组成及其化学式。他创立了科学的原子学说，揭示了物质内部构造和变化的秘密，使当时已经发现的一些化学基本定律（如质量不灭定律、化合量定律和定比定律）得到了统一的解释。根据自己大量的实验数据，明确提出了倍比定律，丰富了他的原子学说。从而开创了化学科学的新时代，对科学发展产生了深远的影响，在人类科学文明史上留下了光辉灿烂的一页。

道尔顿对自己的成就是不满足的，他的格言是："永恒地探索，永无止境地追索未知的事物。"他是这样说的，也是这样做的。他的一生不但留给我们丰富的科学遗产，而且留给我们奋发前进，攀登科学高峰的精神力量。

1844年7月27日道尔顿与世长辞，他终生未娶。曼彻斯特全城下半旗志哀，整个英国和全世界都深切悼念这位平凡而又伟大的科学家，在曼彻斯特市政大厅竖立着道尔顿的半身雕像。

要点评析

约翰·道尔顿在19世纪初把原子假说引入了科学主流，使化学领域自那时以来有了巨大的进展。附带一提的是道尔顿患有色盲症，也正是这种病症引起了他研究的好奇心，最终成功发表了一篇关于色盲的论文——曾经问世的第一篇有关色盲的论文。道尔顿作为一个身患色盲的人，能够取得如此伟大的成就，让后人感受到了这位科学巨人的伟大光辉。

道尔顿赢得学生爱戴和尊敬的原因是什么？

孟 德 尔

名师导读

　　孟德尔，1822年7月20日出生于奥地利帝国布隆（现在是捷克的布尔诺）的一位生物学家，是遗传学的奠基人，被誉为现代遗传学之父。他通过豌豆实验，发现了遗传学中的分离规律及自由组合规律。

　　孟德尔生于奥地利西里西亚附近的一个贫苦家庭。他父亲安东是个农民，母亲罗西娜是园丁的女儿。

　　孟德尔从小学习努力，进校四年就读完了小学的全部课程。班主任马基塔发现了他的非凡才能，便向他的双亲建议务必让孩子到高一级的学校去学习。孟德尔的母亲罗西娜想，与其让有才华的儿子当一辈子面朝泥土背向天的农民，还不如成全他的意愿进高一级的学校，也许将来能过上美好的生活。身为一家之主的父亲安东考虑到家中的经济条件，起先没有轻易同意这个安排，但是，为了让儿子能脱离艰苦的农民生活，还是下了决心，让当时年仅 11 岁的孟德尔进入邻村莱比尼克初级中学的三年级学习。

孟德尔进入莱比尼克初级中学后，开始离开父母独立生活。这所学校创立于 1660 年，学校采用定级评定的考核办法。孟德尔以班级最高的成绩"优秀"和"超群"的评语而毕业。由于孟德尔优异的成绩，再加上他本人有强烈的继续求学愿望，他贫穷的双亲下决心不遗余力让孟德尔进入特罗保城的高等中学念书。

特罗保（现称奥帕瓦）的高等中学学制为六年，一年级到四年级为基础班，接下去有两年的教养班。孟德尔在 1834 年 12 月 15 日先进入基础班。孟德尔的学习生活非常艰难，住的是最低级、最便宜的租房，只能半饱半饥，甚至有几次一整天饿着肚子听课。每逢暑假，他不得不跑到附近农民家里帮助干农活，以获得微薄的酬金应付学习生活之用。因长期营养不良，积劳成疾，他终于害了一场重病，无奈被迫回家养病。即使如此，这个求知欲极强的孩子，身体稍好时又重返学校坚持学习。

1838 年冬天，孟德尔的父亲在劳动中被一棵突然倒下来的大树砸成重伤而丧失了劳动力。这对于本来家境贫寒的孟德尔来说无疑是雪上加霜，他只好靠当家庭教师勉强维持生活。1840 年 8 月孟德尔以优良成绩结束了中学阶段的学习。

高中毕业后，孟德尔进入奥尔米茨大学哲学学院学习，并与该校物理学教授弗兰茨结下深厚的师生情谊。1843 年，孟德尔又因家境困难而辍学在家。同年 10 月 9 日，孟德尔在弗兰茨教授推荐下，进入布龙的一所名叫奥古斯丁的修道院，成为一名修道士。

孟德尔是一位酷爱科学的修道士。修道院里有一个后花园，孟德尔一有时间就沉醉在这里，栽种起豌豆、菜豆、玉米、龙头花、紫茉莉、金鱼草、南瓜、水杨梅、樱、金莲花等植物，他还喜欢养蜜蜂、饲养小白鼠、进行气象观测。1847 年他被任命为神父，1848 年获得牧师职位。

1851 年，在朋友的资助下孟德尔进入维也纳大学理学院学习。在这里他参加了维也纳动植物学会，并在会上宣读过关于害虫危害农作物方面的论文。1853 年夏天，孟德尔毕业回到奥古斯丁修道院，并担任科技学校的动植物学教师。结合教学继续进行植物种植与动物饲养的观察与研究。

从1856年起，他在前辈修道士克拉谢尔的指导下，花了八年时间悄悄地从事豌豆杂交试验。凭着他的意志和毅力，经过孜孜不倦的探索，终于从豌豆杂交试验中发现了遗传规律。1865年孟德尔把这一发现写成论文《植物杂交试验》，并于1866年在布吕恩自然科学研究协会会刊上发表。于是，人们把孟德尔誉为"遗传学的奠基人"。他成为一位从修道士到身居神职的科学家。

要点评析

你认为孟德尔发现遗传规律是偶然还是必然呢？在生命科学史上，曾经有那么多热衷于植物杂交试验的专家们，面对得到的一堆堆杂交数据，却理不出任何头绪。只有孟德尔，凭着坚强的意志与毅力持续不断地进行探索，加上其选择实验材料的正确性，科学的统计手段，敏锐细致的观察力和前辈的指导与帮助，最终开辟出了一片崭新的遗传学天地。因此当天时地利人和都齐全了之后，他的成功一定不是偶然，而是必然。

延伸思考

1.人们为什么称孟德尔为"遗传学的奠基人"?

2.试分析下孟德尔成功的原因。

列文虎克

名师导读

　　人的双眼是感知外部世界最重要的器官，凭着一双敏锐的眼睛，人们观察和探索世界上形形色色的事物之真相和奥秘。但是，人的目力毕竟有限，对于远处的事物和微小的东西就看不清楚。为了观察远处的事物（如天上的星星），人们发明了望远镜，意大利科学家伽利略为此做出了杰出的贡献；而首先打开微观世界大门的，是荷兰的生物学家：列文虎克。

　　1632 年，列文虎克出生在荷兰德尔夫特一个普通工人的家里。父亲死得早，因此他 16 岁那年就不得不离开学校，被送到阿姆斯特丹的一家杂货铺当了学徒。阿姆斯特丹一切都是那么的新鲜。然而，最让列文虎克倾心的是在杂货铺对面住着一位和蔼可亲的老人。老人博学多闻，家里有很多藏书。列文虎克一有空就跑到老人那里请教问题或借书看。每天晚上，列文虎克如饥似渴地读着借来的各种书本，他从小就十分醉心于探究自然界的种种现象，脑子里经常装着许多"问号"想在书本中寻找答案。

杂货铺的隔壁是一家眼镜店，作坊里工匠们整天磨制着各种镜片。夜晚那悦耳的沙沙声常常陪伴着列文虎克阅读。有一天，列文虎克看累了，他闭上眼，细听隔壁那动听的"音乐"，忽然，一个奇怪的念头跳了出来：眼镜是帮助视力模糊的人看清东西的，如果有副"眼镜"，能使人们看清平时无法看到的东西，那该多好！他暗下决心，一定要设法造出这种有神奇魔力的"宝镜"。

第二天一早，列文虎克就敲开眼镜铺的大门，他找到最有经验的老师傅，恳切地谈了制造"宝镜"的设想。老人看他专注而虔诚的神情，捻着胡须沉思着，说："我倒记起这么一件事，上次我把磨的两小块凸透镜叠在一起，看到镜片下面的头发竟像小木根那么粗。"列文虎克听了，心头一亮，诚恳地请求："您教教我磨制凸透镜的手艺吧，我不会给您添麻烦的。"从此，一有空闲，列文虎克就钻到作坊的角落里，用工匠们丢弃的镜片在磨具上磨呀磨。很快，列文虎克就掌握了磨制镜片的技术。

六年的学徒生活结束了，列文虎克回到家乡，在市政厅找了个看门的工作。列文虎克除了忠于职守，完成本分工作外，把所有的业余时间都花在磨制镜片上。功夫不负有心人，列文虎克的手艺越来越精，磨出的镜片越来越细巧。1665年春天，他终于研磨成了一块直径只有3毫米左右的小凸透镜，这块小镜片灵巧可爱，放大率很高。他把一根鸡毛放在镜片下，只见一根根绒毛像树枝一样。接着他又磨制了一块镜片，按照那位老师傅的说法，把两块镜片重叠起来。可是这样小的透镜拿来看东西很不便，在铁匠师傅的帮助下，列文虎克自己动手制成了一个金属支架和一个小圆筒。他把两个镜片分别装在铁筒的两头，中间设计了一个旋钮，以便调节两个镜片间的距离。他又在透镜的下方，装上一块铜板，上面钻个小孔，使光线能从这里射进来，照亮被观察的东西。这就是列文虎克发明的第一架显微镜。它虽然简陋，却十分管用。通过上面的第一块透镜（物镜）可以产生物体的放大像，然后通过上面的第二块透镜（目镜）来看这个放大像，由于映入眼帘的物像的放大率是这两块凸透镜放大率的乘积，所以大大提高了放大物像的能力。有了它，人们就有了"神奇的眼睛"。

列文虎克开始用他的"宝镜"观察一些十分微小的东西，像苍蝇的翅膀、蜘蛛的脚爪、羊毛的纤维、树叶的脉络……一切都是那么新奇，简直令人不可思议。他不停地观察，不停地记录，把看到的情形细致地描摹在笔记本上。几乎每天都有新的发现，他完全沉醉在微观世界的奇妙景象之中了。

初步的成功极大地鼓舞了列文虎克，从此他更加起劲地研磨透镜，从中摸索出好多经验，制造出的显微镜越来越精巧，以至于能把东西放大300倍。1674年的一天，列文虎克把自己受伤手指上的一滴血放在显微镜下，啊！他发现这红色的液体里竟有许多像小车轮一样在滚动的东西——红血球。他立刻把这个发现描画下来，并且寄给了当时欧洲最权威的学术机构——英国皇家学会。此后，他把自己观察到的资料源源不断地寄给皇家学会。

在1675年的一个下雨天，列文虎克照例在摆弄他的显微镜，他忽然想到雨水里会不会有别的东西呢？于是他跑出去用吸管在水塘里取了一管雨水，滴了一滴在显微镜下。这粒水珠看起来洁净透明，但是，当列文虎克从显微镜里一看，不禁叫了起来："水珠变活了。"原来，他发现里面有许多"小动物"在蠕动。这些"小动物"是从哪里来的呢？是从天上掉下来的吗？他赶紧叫女儿用干净的杯子到外面接了半杯雨水，放到显微镜下一看，居然没有看到什么东西。可是过了几天再看，杯子里的雨水中又有了不少游动的小东西。此后，他用显微镜东找西找，发现几乎到处都有"小动物"，湖水里有，泥土里有，人的牙缝里有，指甲下的污垢里也有。

事实胜于雄辩。列文虎克的显微镜向人们展现了一个肉眼看不见的世界。他的伟大发现，终于折服了皇家学会的专家。1680年，列文虎克被选为英国皇家学会会员。一个几乎没有进过学校的看门人竟成了皇家学会的会员，这是对他20年来艰苦探索的最好奖励。

荣誉并没使列文虎克陶醉，他依然在德尔夫特孜孜不倦地研磨他的镜片。列文虎克活了91岁，一生总共制造了419个显微镜，向英国皇家学会寄送了375篇研究资料，还向法兰西科学院寄送了27篇。由于他的发明，人们开始对细胞、微生物及其生命现象进行显微研究。从某种意义上说，公元1700年以后，生物学家的一切伟大发现，都来自这位看门人发明的玻璃透镜。

要点评析

　　一个看似普通的看门人凭借自己对科学的满腔热情成功踏入了英国皇家学会的大门。而成功的喜悦，并没有使列文虎克冲昏头脑。相反，他一如既往地打磨镜片、记录新的观察发现，寄送研究资料。他的这种锲而不舍的探索与研究精神值得我们每一个人学习。

延伸思考

　　你认为列文虎克获得成功的原因有哪些？

哥 白 尼

名师导读

　　尼古拉·哥白尼（1473—1543）是文艺复兴时期波兰天文学家、数学家、教会法博士、神父。他为什么会有如此之多的身份呢？让我们去阅读全文，寻找答案吧！

　　哥白尼从小就有极强的求知欲，对季节变化、昼夜更替、日升月落、斗转星移等自然现象有着浓厚的兴趣。他常常一个人守在窗边，凝视天空发呆。从早晨的朝霞到傍晚的夕辉，他观察太阳东升西落的全过程。夜晚，他望着满天的大小星星反反复复地数，怎么也数不清。他对蓝天、白云、太阳、月亮、星星充满无限的幻想，总是要求父母讲这方面的故事。他的舅父路加·瓦西多德是一位学识渊博的主教，哥白尼经常向他请教。舅父很耐心地回答他提出的各种问题，这对他以后成才产生了重要影响。随着哥白尼年龄的增长，为满足他的学习需要，舅父经常送一些天文学书籍给他。

哥白尼如饥似渴地阅读着，这些书籍促使他对"天上"的事情越来越感兴趣了。他的哥哥对他的这种兴趣感到奇怪，有一次，他问弟弟："难道你要管起天上的事情吗？天上的事有神学家们操心，凡人岂能干预！"

哥白尼则用坚定的语气回答兄长："为了让人们望着天空不再感到害怕，我要一辈子研究天文学！我还要叫星星同人类交朋友，让星星给海船校正航线，帮水手指引航向。"

哥哥对弟弟的回答很不满意，并以教训的口气说道："你若不听我的劝告，这一辈子你可有罪受的了！"

哥白尼则斩钉截铁地回敬兄长："我主意已定，什么都不怕！我的心在高高的天空上！"

哥白尼开始从事天文学研究是在天文学家勃鲁泽夫斯基教授的指导下进行的，他们之间的师生情谊很深，堪为后人的楷模。从他们之间的一次简短对话很能说明这一点。

哥白尼说："老师，有位朋友来信说意大利航海家哥伦布正在漂洋过海，一心要探寻出地球到底是什么形状。我倒希望有朝一日能造出一种飞船，乘着它能穿过云海，飞越星空，去发现宇宙的奥秘。"

哥白尼抬头仰望浩渺的星空，高声朗诵他自己作的一首诗：

我多想弄清，星辰的运动，和它们的路径。

我多想解释，行星诞生的奥秘，和它的后果前因。

我还想知道，太阳为什么会东升西落，还有那神秘莫测的彗星。

我就想做这么一个人，在茫茫的太空中，把真理追寻。

"真是一首好诗啊，真是一位有志气的年轻人！"老师慈祥地望着自己的学生，鼓励地说。

"那我就要当这艘飞船的第一任船长！"哥白尼自豪地说。

"到时你可别忘了把我这老头子也带上啊！"教授爽朗地笑了。

哥白尼抬头仰望茫茫无际、星光灿烂的夜空，心情兴奋，动情地说："老师，你可知道，天上那些闪烁的星星，像眯眼的沙粒一样，总是使我既向往又苦恼。我真恨不能飞上天空，亲自去仔细看个明白。不过，我的飞行不是靠翅膀，不是靠风帆。我有两件您教给我的法宝：一是数学，二是观测。"

"好啊，有抱负的年轻人！"教授慈爱地抚摸着哥白尼的头夸奖地说。

"老师，我的理想和心愿都在天上！我越来越感到天文学受到了教会的残酷压制，它的学说被搞得越来越不像样了！"哥白尼激动地说。

18 岁时哥白尼就读于波兰旧都的克拉科夫大学，学习医学期间他对天文学产生了兴趣。1496 年，23 岁的哥白尼来到文艺复兴的策源地意大利，在博洛尼亚大学和帕多瓦大学攻读法律、医学和神学。博洛尼亚大学的天文学家德·诺瓦拉对哥白尼影响极大，在他那里哥白尼学到了天文观测技术以及希腊的天文学理论。

哥白尼 40 岁时便提出了著名的"日心说"，但其实他并不是一位职业天文学家，他的成名巨著《天体运行论》是在业余时间完成的。

他在《天体运行论》(De revolutionibus orbium coelestium) 中观测计算所得数值的精确度是惊人的。例如，他得到恒星年的时间为 365 天 6 小时 9 分 40 秒，精确值约多 30 秒，误差只有百万分之一；他得到的月亮到地球的平均距离是地球半径的 60.30 倍，和 60.27 倍相比，误差只有万分之五。1533 年，60 岁的哥白尼在罗马做了一系列的讲演，提出了他的学说的要点，并未遭到教皇的反对。但是他却害怕教会会反对，甚至在他的书完稿后，还是迟迟不敢发表。直到在他临近古稀之年才终于决定将它出版。1543年5月24日，生命垂危的哥白尼在病榻上才收到出版商从纽伦堡寄来的《天体运行论》样书，他只摸了摸书的封面，便与世长辞了！

哥白尼的"日心说"沉重地打击了教会的宇宙观，这是唯物主义和唯心主义斗争的伟大胜利，这标志着现代天文学和现代科学的开始。它使天文学从宗教神学的束缚下解放出来，自然科学从此获得了新生，这在近代科学的发展上具有划时代的意义。哥白尼就是这一新时代的奠基人。他很好地履行了自己的诺言。

要点评析

恩格斯说："自然科学借以宣布其独立并且好像是重演路德焚烧教谕的革命行为，便是哥白尼那本不朽著作的出版，他用这本书（虽然是胆怯地而且可说是只在临终时）来向自然事物方面的教会权威挑战，从此自然科学便开始从神学中解放出来。"恩格斯的这几句话，高度赞扬了哥白尼对自然科学的发展所产生的的重大意义。

延伸思考

哥白尼为什么在古稀之年才出版了《天体运行论》？

富兰克林

名师导读

本杰明·富兰克林（1706—1790），出生于美国马萨诸塞州波士顿，美国著名的政治家、物理学家及发明家。本杰明·富兰克林曾经进行过多项关于电的实验，并且发明了避雷针。他还发明了双焦点眼镜、蛙鞋等。想知道富兰克林还有哪些发明吗？一起来阅读本文吧！

富兰克林生于波士顿一个贫穷的蜡烛制造商家庭。12岁到印刷所当学徒，从此一生未脱离印刷工作。

富兰克林从小酷爱读书。有一次，父亲给他一些零用钱，他舍不得花，却到书店买回一本《天路历程》。书中栩栩如生的描写，使他读得津津有味，并从中获得许多乐趣。后来，他将这本书拿去与他的小伙伴交换其他书来看。从此，他趴在柜台上看，躺在床上也看，甚至与小伙伴们在海上驾舟游玩时口袋里也装着书。富兰克林简直成了个"小书迷"。

有一天，教堂的神父从他父亲的阁楼上借走了几本书。父亲一直不让富兰克林上阁楼，阁楼上究竟还有些什么书呢？求知欲旺盛的富兰克林真想上去看看。一天中午，趁父亲睡午觉，他轻手轻脚地溜上阁楼。打开书箱一看，哇！满箱都是精品书。富兰克林像发现了宝藏，赶紧抽了几本揣在怀里，蹑手蹑脚地下了楼。刚下楼梯，与父亲撞了个满怀。

"我的小花猫，上阁楼去啦！"年过花甲的父亲望着小儿子尴尬的神情，佯作不知地问。"我抓……抓老鼠去了！"

父亲一听，开怀大笑："'猫'抓老鼠，难怪肚子吃得饱饱的！"

富兰克林眼看瞒不过去了，只好解开衣服的纽扣，藏在怀中的书一下掉落到地上这些书有普鲁塔克的《名人传》、笛福的《计划论》和科顿·马德的《行善论》等。他硬着头皮等着挨训。但父亲却和蔼地说："既然你喜欢这些书，为什么不早些说呢？"

1717年，哥哥詹姆斯从英国带回一台印刷机和一套铅字，在波士顿开了一个印刷所。看到富兰克林爱书如命的嗜好，父亲就让他到哥哥印刷所当一名印刷工，当时他才 12 岁。由于富兰克林聪明好学，很快就熟悉了印刷业务，成了哥哥的得力帮手，这使他非常得意。更使他高兴的是，由于他在印刷所工作，因而有机会结识附近一些书店里的学徒，他们都是一些爱好读书的小孩，也使他能够看到许多有趣的书。小伙伴从书店拿书给他看是绝对不能让老板知道的。所以，他们"约法三章"：必须保证不把书弄脏；绝对不能丢失；头天晚上借去，第二天一大早必须归还。因而富兰克林必须连夜阅读，甚至通宵达旦。不过，因为能够从中获得大量有趣的知识，增长自己的见识，虽然辛苦，富兰克林仍十分乐意。

过了一段时间，他爱书成癖引起当地一个名叫亚当斯的人的注意。这人很有见地，通达事理，藏书十分丰富。由于他经常光顾詹姆斯兄弟的印刷所，也就时常邀请富兰克林去参观他的图书室，还把自己的藏书借给富兰克林。这下子可乐坏了富兰克林，他又多了一条借书的门路，读书也更加勤奋了。

富兰克林想方设法找书读，只要有机会能借到书，他从不轻易放过。一天，他给一位名叫马泰的商人送书，路上遇上几个小流氓，被打得鼻青脸肿，但他还是忍痛坚持将书送到马泰家。马泰见了非常感激，望着面前这位小伙计，急忙从口袋里掏出一枚银币说："谢谢你，你受苦了！"

富兰克林并没有去看马泰伸出的手，目光被马泰身后的一排书架吸引去了。他腼腆地说："先生，能借给我几本书看吗？"

"噢，想不到你还是一个小书迷呢。当然可以，随便挑吧，看中的你就拿去看吧。"

富兰克林挑选了希腊史学家色诺芬的名著《苏格拉底回忆录》，欢天喜地辞别了马泰先生。

富兰克林由于家境贫寒，只受过极短的正规教育，全靠勤奋而自学成才。他自己找书，大量阅读，刻苦学习，认真思索。这位小书迷从书中汲取了丰富的知识，从而迅速地成长起来，并且终于成为名震世界的大发明家，成为美国在18世纪仅次于总统华盛顿的最著名人物。

富兰克林是电气研究的先驱。他提出了电荷守恒、正负电荷等概念，发明了避雷针、富兰克林炉、远近的两用眼镜等。他对光学、化学、热学、植物学等也都有贡献。此外，他于1731年在费城建立了北美第一个公共图书馆，1743年组织了美国哲学会，1751年出资创办了宾夕法尼亚大学。独立战争时他参加起草独立宣言。他对美国当时的外交政策和废除奴隶制度做出了重要贡献，因此他还是一位杰出的社会活动家。

要点评析

有评价曾说富兰克林是18世纪仅次于华盛顿的名人。虽然他没有显赫的家世背景，没有富裕的生活条件，但是他靠自己的坚持不懈与努力奋斗获得了多个领域的成功，拥有了作家、发明家、出版商、科学家、外交家、哲学家等多重身份，令人钦佩。富兰克林曾说："诚实和勤勉，应该成为你永久的伴侣"。这句话也可以说是他一生最真实的写照。

延伸思考

为什么说富兰克林是个"小书迷"呢？

爱 迪 生

名师导读

　　托马斯·阿尔瓦·爱迪生（1847—1931）是位举世闻名的电学家和发明家，他除了在留声机、电灯、电话、电报、电影等方面的发明和贡献以外，在矿业、建筑业等领域也有不少著名的创造和真知灼见。爱迪生一生共有超过两千项的创造发明，为人类的文明和进步做出了巨大的贡献。

　　爱迪生生于美国俄亥俄州米兰镇的一个小商人家庭。他小时候得过猩红热，八岁半才进入小学，只读过三个多月书，但他从小好奇心很强，遇事总爱追根究底。

　　爱迪生从小就喜欢用他那与众不同的大脑袋思考一连串的问题。他看到铁匠将铁在熊熊的烈火中烧红，然后锤打成各式各样的工具时，就晃着大脑袋提出一个又一个问题：火是什么东西？火为什么会燃烧？火为什么是红的？火为什么这么热？铁在火中被烧之后为什么会发红？铁红了为什么就软了？回到家，小爱迪生在自家的木棚里开始了他最初的实验。他抱来干草，并将其点燃，他想弄明白火究竟是什么。然而，小爱迪生的第一次实验就引来了一场火灾，将家中的木棚烧掉了。

还有一次，到了吃饭的时候，仍不见爱迪生回来，父母亲很焦急，四下寻找，直到傍晚才在场院边的草棚里发现了他。父亲见他一动不动地趴在放了好些鸡蛋的草堆里，就非常奇怪地问："你这是干什么？"小爱迪生不慌不忙地回答："我在孵小鸡呀！"原来，他看到母鸡会孵小鸡，觉得很奇怪，总想自己也试一试。当时，父亲又好气又好笑地将他拉起来，告诉他，人是孵不出小鸡来的。在回家的路上，他还迷惑不解地问，"为什么母鸡能孵小鸡，我就不能呢？"

爱迪生12岁时就走向社会，边干活边做各种科学实验。在发明白炽灯以前，爱迪生已有几十项发明创造。

为了汲取前人的经验，爱迪生在研制电灯的过程中经常去图书馆查阅资料，边看边做笔记。在他之前，英国科学家戴维已发现白金丝通上电流后会发出微弱的光。爱迪生决定沿着这条路继续摸索下去。

他先后选择了硼、钌、铬等材料做灯丝，效果都不好。后来又用碳丝做灯丝，虽然能发亮，但马上就和空气中的氧气发生作用而烧断了。再选用铱、白金等较难熔化的金属来做灯丝，虽然耐久些，但还是很快就烧断了。为了寻找一种合适的东西做灯丝，爱迪生前后试验了1600多种材料。在这期间他和助手们不分白天黑夜，经常连续工作，有一次竟然接连干了五昼夜。实在疲倦了就用书当枕头，趴在实验桌上打个盹。工人们见状笑着说："怪不得爱迪生这么聪明，原来他连睡觉时都在汲取书里的营养。"

无数次的试验使爱迪生总结出，要制成电灯必须解决两个问题：一是避免灯丝很快被氧化，二是需有合适的材料做灯丝，这种材料通电后要能发光，又能耐高温。

为解决第一个问题，必须把灯泡里的空气抽空。他叫工人到一所大学里去借来抽气机，并连夜实验，一直干到第二天黎明。可抽气机性能不理想，爱迪生只好重新设计、改造。到1879年8月，爱迪生设计的抽气机能把灯泡内的空气抽到只剩大气压力的十万分之一，紧接着又进一步将灯泡内的气压减到大气压的百万分之一。在当时能达到如此高的真空程度是多么不容易呀！

灯泡的真空问题解决了，理想的灯丝在哪里呢？爱迪生独自坐在实验桌旁冥思苦想。桌上放着一堆从煤油灯罩上刮下来的煤灰，他随手拿起一撮在掌心里揉搓，不知不觉间竟搓成了一根细线。他瞧着掌心里的这根黑线，突然眼睛一亮，这油烟灰不就是一种未经充分燃烧的炭吗？而炭正具备灯丝要求的性质，如果能用一种柔韧的细丝加以炭化……想到这里，他马上朝门外的助手喊道："快！拿几团棉线来！"

棉线拿来后，爱迪生立即指挥助手们开始实验。他们把线剪成一段一段，弯成灯丝形状，放在一个特制的模型中，送进烤箱里加热。一会儿棉线就被烤成一根炭丝。等它冷却后，再小心翼翼地从模型中取出。但这细炭丝太脆弱了，稍一动就断了。断了再烧，烧了再断，就这样连着干了三天，才完整地得到了一根细炭灯丝。

炭灯丝虽然到手了，但要把它送到玻璃工那里装进灯泡，又是件难事。爱迪生的助手捧着这根来之不易的"宝贝"轻轻地往外走，爱迪生紧跟其后。不料，他们刚走到玻璃工门口，这根炭丝又断了！三天的辛苦白费了！

爱迪生对沮丧的助手说："不要紧！咱们再重新来！"当天傍晚他们烧出第二根炭丝，可惜又折断了。直到半夜他们终于将第三根炭丝装进了灯泡。爱迪生吩咐赶快把灯泡里的空气抽出，把口封好。电流接通了，看！灯丝发出了柔和的亮光。爱迪生和助手们兴奋得跳了起来，互相拥抱，又唱又笑。这一天是 1879 年 10 月 21 日，世界上第一盏白炽电灯终于诞生了！这亮澄澄的灯光里凝聚着他们多少心血啊。第一盏电灯足足亮了 45 个小时才熄灭。

第一步成功了，但爱迪生并不满意。他觉得棉线灯丝太难造，价格也贵，必须寻找一种价廉而耐用的灯丝才能真正造福于人类。他集中研究各种植物纤维的性能，什么麻绳、椰子鬃、桦木屑……他都拿来试验。第二年的一天，天气闷热，他顺手拿起桌上的竹扇扇凉，忽然想到为什么不用竹丝炭化试试看呢？试验结果竟然超出以前试验过的任何东西。竹丝电灯亮了 1200 个小时。这一意外的成功，使爱迪生欣喜若狂。他立即派人到东方各国采集竹料。爱迪生比较了上千种竹子，发现日本竹子最适用，于是用日本竹子做灯丝的白炽电灯正式投入批量生产。这种白炽电灯光线柔和、使用安全、耗电省、成本低，是理想的家庭照明灯具。

1882 年，爱迪生在纽约建起了第一个发电厂，向公众供电。从此，电灯正式走进了千家万户。竹丝灯泡为人类服务了十多年，以后人们又不断改进，用一种熔点很高的金属钨抽成细丝装进灯泡，同时还向灯泡内注入不与金属起化学反应的惰性气体氮或氩，以防止灯丝烧断，从而大大延长了灯泡的寿命。我们现在日常生活中使用的就是这种充入惰性气体的钨丝灯泡。

随着科学技术的不断发展，人们又陆续发明了荧光灯、高压汞灯、钠灯等各种各样的新型灯泡。但是，首先为千家万户送来光明的使者——爱迪生，仍将永远被人们铭记与传颂。

1979 年，在美国举行了一个长达一年、花费几百万美元的纪念活动以纪念爱迪生发明电灯一百周年。这充分反映了人们对爱迪生的怀念。

要点评析

美国弟 31 任总统胡佛说："爱迪生是美国最负盛名的人，是美国的国宝，也是人类的恩人。"

有人做过统计：爱迪生一生中的发明，在专利局正式登记的有 1300 种左右。1881 年是他发明的最高纪录年。这一年，他申请立案的发明就有 141 种，平均每三天就有一种新发明。

··

说一说自己都见过哪些种类的灯。

瓦 特

名师导读

　　詹姆斯·瓦特（1736—1819），英国发明家，第一次工业革命的重要人物。1776 年制造出第一台有实用价值的蒸汽机。以后又经过一系列重大改进，使之成为"万能的原动机"，在工业上得到广泛应用。他开辟了人类利用能源新时代，使人类进入"蒸汽时代"。后人为了纪念这位伟大的发明家，把功率的单位定为"瓦特"（简称"瓦"，符号 W）。

　　瓦特出生于苏格兰格拉斯哥附近一个叫格里诺克的港口小镇的一个工人家庭。他的父亲是一个制作航海用具的手艺人，并兼做一些小买卖，家境很一般。但他父亲很爱学习，特别崇拜牛顿，在家里还挂着牛顿的画像。他的母亲智力过人，瓦特从他天才的母亲那里学会了识字和许多其他知识。

　　瓦特小时候看起来并不聪明，不知真相的人还以为他有些痴傻，但他母亲十分了解自己的儿子，深知瓦特不但不痴不傻，而且具有非凡的观察力和好奇心。

　　据说有一次瓦特的母亲送他到其舅父家住几天，瓦特到了新环境，觉得周围的一切都很新奇。他兴奋极了，东摸摸，西看看，看完了舅父家的牛栏，又跑到村口去看大磨坊，一刻也不停。一到晚上，他就滔滔不绝地向大家讲他的见闻。他把牛吃青草的动作讲述得有声有色，把河里大叶轮带动磨盘的过程每一步都讲得有条有理。他的表兄妹们全被瓦特的故事吸引住了，牛栏、磨坊他们每天都见，但从瓦特嘴里讲出来竟是那么新奇有趣。他们围在瓦特周围，睁大眼睛静静地听着，如果不是舅妈一再催促，他们可能会整夜听瓦特讲下去。

　　瓦特小的时候身体不好，家里也很穷，所以他没有上过学。妈妈在家里天天教他学语文和数学，瓦特很好学，也很喜欢思考问题。

　　一天，爸爸妈妈带瓦特到奶奶家做客，奶奶看到他们来了十分高兴，立刻在炉子上给他们烧水喝。奶奶把水壶放在炉子上以后，就和妈妈到外面说话去了。瓦特一个人来到厨房，坐在炉子旁的小凳子上，眼睛盯着水壶，一会儿水慢慢开了。

　　瓦特正准备叫奶奶来倒开水。突然他发现壶盖被水蒸气顶得直响，不停地往上跳动，他好奇地站起来走近水壶，仔仔细细地看着跳个不停的壶盖，不知看了多久，直到整个厨房里都充满了水汽，像早晨的雾一样。这时，奶奶忽然想起她烧的开水了，急急忙忙地赶到厨房来。她看到瓦特站在那儿一动也不动，厨房里满是水汽，以为出了什么事。便大声喊了起来："瓦特，你怎么啦？"

　　瓦特听见奶奶喊他，回过神来，笑着说，"我在看水壶呢？"

　　"哎呀，你这傻孩子，水壶有什么好看的。"奶奶爱怜地说，"你看，满屋子的水汽，水开了，你怎么不叫我呢？"

　　瓦特却拉着奶奶的手说："奶奶，壶盖为什么会跳舞呢？"

　　奶奶心想，这孙子可真有点傻，便说："水开了，壶盖当然要跳动了。"

　　瓦特觉得奶奶没有说清楚，又接着问："为什么水开了壶盖就会跳动呢？是什么东西推动它呢？"

　　"这……"奶奶被问住了，她只好说，"你这个小家伙，一天到晚尽问一些稀奇古怪的问题，你自己去想吧，奶奶答不上来。"

　　瓦特无可奈何地说："那好吧，我自己来想。"

回家后，瓦特便开始寻找壶盖跳动的原因。一连几天，他都坐在炉子旁仔细地观察，在水快开的时候他赶紧打开壶盖，看见一串串小泡泡在水底直往上冒，到了水面立刻破裂变成水汽。如果盖上壶盖，水蒸气要跳出来，只有掀开壶盖才行。瓦特发现壶盖会跳舞的原因后心里真是高兴极了。他把自己的发现告诉了妈妈，妈妈也夸他是一个会观察、爱动脑筋的孩子。

后来，学徒工出身的瓦特经过长期的刻苦钻研发明了旋转式蒸汽机，为工业革命做出了贡献。人们为了纪念他，用他的名字"瓦特"作为物理学上计算功率的计量单位。

瓦特不仅有非凡的观察力和好奇心，而且心灵手巧，这是发明家特有的天赋。由于家境困难等原因，瓦特在读完小学后就留在他父亲经营的小作坊里干活。从此，他走上了一条在实践中边干边学、自学成才的道路，靠天赋与勤奋获得成功，为人类文明的发展开创了一个崭新的时代。

瓦特对科学技术的贡献是发明了高效率的蒸汽。人类对蒸汽的认识和利用经历了一个漫长的历史过程。直到18世纪初，英国苏格兰的纽可门才成功地制造出第一台能将热能转变为机械能的原始蒸汽机。但它的热效率很低，严重影响了它的推广使用。瓦特对纽可门蒸汽机进行长期的深入研究，找出了这类蒸汽机热效率低的原因。经过反复试验，提出了提高功效的措施，他为蒸汽机配套设计的"凝汽器"获得了专利。1781年他发明了行星式齿轮，将蒸汽机的往复运动变为旋转运动，后又研制成功了单动作蒸汽机。经过继续试验，1782年，往复式蒸汽机诞生了。这种蒸汽机的活塞沿两个方向运动都能产生动力。

瓦特发明的蒸汽机与纽可门蒸汽机相比，热效率和工作的可靠性大大提高，能驱动各种机器，因而迅速被各工业部门广泛采用。瓦特蒸汽机的发明与使用大大促进了欧洲18世纪的产业革命，很快使世界工业生产进入所谓"蒸汽时代"。

人们为了纪念这位伟大的发明家，在他逝世后，于1832年在格拉斯哥市乔治广场建立了瓦特铜像。1882年，西门子在就任英国学术协会会长的就职演说中提议用"瓦特"的名字作为功率的计量单位，即1瓦特=1焦耳/秒。1889年，该建议得到巴黎国际会议的确认。

要点评析

　　马克思曾经评论说："瓦特的伟大天才表现在 1784 年 4 月他所获得的专利的说明书中，他没有把自己的蒸汽机说成是一种用于特殊目的的发明，而是把它说成是大工业普遍应用的发动机。"

　　在瓦特的讣告中，对他发明的蒸汽机有这样的赞颂："它武装了人类，使虚弱无力的双手变得力大无穷，健全了人类的大脑以处理一切难题。它为机械动力在未来创造奇迹打下了坚实的基础，将有助并报偿后代的劳动。"

延伸思考

　　瓦特通过观察什么现象发明了蒸汽机？

真题演练

一、填空题

1.孔子名_____，字_____，是我国_____时期著名的学者，_____家和_____家。

2.瓦特在1776年成功制造出第一台有实用价值的_____，经过一系列重大改造后，使之成为"_____"。

3.范仲淹字_____，是我国_____时期著名的政治家、_____家和_____家。

4.我们知道，孟德尔是_____学的奠基人，被誉为"_____之父"。

二、选择题

1.岳飞的母亲用针在岳飞的后背刺下的四个字是（　　）

A.精忠报国　　　　　　B.赤胆忠心

C.尽忠报国　　　　　　D.忠肝义胆

2.以下哪一种学说是哥白尼提出的？（　　）

A.地心说　　　　　　　B.日心说

C.盖天说　　　　　　　D.浑天说

3.具有重要历史意义的武昌起义发动于1911年的（　　）

A.10月11日　　　　　　B.10月10日

C. 10 月 12 日　　　　　　D. 10 月 9 日

4. 以下不是雨果的作品的是（　　）

A. 《巴黎圣母院》　　　　B. 《理想国》

C. 《悲惨世界》　　　　　D. 《九三年》

5. 以下哪一位诗人不在"初唐四杰"之中？（　　）

A. 杨炯　　　　　　　　　B. 骆宾王

C. 王维　　　　　　　　　D. 王勃

6. 罗素曾在以下哪所大学担任研究员？（　　）

A. 哈佛大学　　　　　　　B. 斯坦福大学

C. 剑桥大学　　　　　　　D. 牛津大学

三、判断题

1. 雍正在位 61 年，是中国封建帝王在位时间最长的一位。

（　　）

2. 道尔顿是英国著名的化学家、物理学家，近代原子理论的提出者。　　　　　　　　　　　　　　　　（　　）

3. 在 1930 年时，19 岁的华罗庚凭借《苏家驹之代数的五次方程式解法不能成立之理由》一文的发表，惊动了中国数学界。　　　　　　　　　　　　　　　　　　（　　）

4. 柏拉图与他的老师亚里士多德、学生苏格拉底并称为"希腊三贤"。　　　　　　　　　　　　　　　　（　　）

四、简答题

1.给你留下最深印象的是哪位名人？他（她）的身上具有怎样的品质？

_____

_____

_____

_____

2."诚实和勤勉，应该成为你永久的伴侣"出自哪位名人的口中呢？说一说，你是如何理解这句话的？

_____

_____

_____

_____

参考答案

一、填空题

1.丘　　仲尼　　春秋　　思想　　教育

2.蒸汽机　　万能的原动机

3.希文　　北宋　　军事　　文学

4.遗传　　现代遗传学

二、选择题

1. C   2. B   3. B   4. B   5. C   6. C

三、判断题

1. ×   2. √   3. √   4. ×

四、简答题

1. 例：书中给我留下最深印象的名人是孙中山。孙中山先生具有热爱国家、心系民众、正直善良、敢于和封建势力做斗争、不屈不挠、与时俱进、追求真理的优秀品质，是我们学习的榜样。

2. 例：这句话是出自富兰克林之口。它告诉我们，诚实与勤勉的品质对于一个人的成长是极为重要的，应该让这两种优秀的品质伴随我们一生。在生活中，诚实的人能赢得别人的尊重与信任，勤勉的人能赢得对自己的尊重与肯定。因此，我们要像富兰克林那样，严于律己，让自己成为一个越来越优秀的人。

经典新课程丛书 / 快乐读书吧

外国经典文学馆

序号	作品	序号	作品
1	古希腊神话与传说	24	我是猫
2	汤姆·索亚历险记	25	安妮日记
3	格列佛游记	26	傲慢与偏见
4	爱丽丝漫游奇境记	27	瓦尔登湖
5	昆虫记	28	八十天环游地球
6	童年	29	呼啸山庄
7	伊索寓言	30	双城记
8	安徒生童话	31	红与黑
9	名人传	32	尼尔斯骑鹅旅行记
10	巴黎圣母院	33	简·爱
11	海底两万里	34	绿野仙踪
12	森林报	35	捣蛋鬼日记
13	假如给我三天光明	36	水孩子
14	钢铁是怎样炼成的	37	海狼
15	鲁滨逊漂流记	38	麦琪的礼物
16	哈姆莱特	39	飘
17	老人与海	40	列那狐的故事
18	福尔摩斯探案精选	41	欧也妮·葛朗台
19	格林童话	42	汤姆叔叔的小屋
20	二十世纪外国散文精选	43	基督山伯爵
21	王子与贫儿	44	少年维特的烦恼
22	小飞侠彼得·潘	45	爱的教育
23	红星照耀中国	46	寂静的春天

序号	作品	序号	作品
	中国经典文学馆		
1	鲁迅杂文选	26	论语通译
2	寄小读者·小桔灯	27	中华上下五千年（小学版）
3	朱自清散文精选	28	中外民间故事
4	骆驼祥子	29	西厢记
5	繁星·春水	30	唐诗三百首
6	呼兰河传	31	宋词三百首
7	城南旧事	32	元曲三百首
8	朝花夕拾·呐喊	33	三字经·百家姓
9	西游记：全2册	34	成语故事
10	三国演义：全2册	35	子夜
11	红楼梦：全2册	36	声律启蒙
12	水浒传：全2册	37	增广贤文
13	三十六计	38	笠翁对韵
14	千字文·弟子规	39	死水微澜
15	中外历史故事	40	傅雷家书
16	中国古代寓言故事	41	艾青诗选集
17	中外名著导读（初中版）	42	儒林外史
18	中外名著导读（高中版）	43	湘行散记
19	小学生必背古诗词	44	边城
20	初中生必背古诗文	45	给青年的十二封信
21	高中生必背优秀诗文	46	世说新语
22	孙子兵法	47	中外神话故事
23	诗经	48	中外诗歌精选
24	孟子译注	49	中外名人成长故事
25	庄子全译		